# 干预

## 低成本流量增长的艺术

蔡志远◎著

清华大学出版社

北京

## 内 容 简 介

本书介绍通过行为干预的方式，最终达到流量暴增的方法。书中提出了八种干预方式，通过人类对信息的理解和决策特点，激发人们的传播欲望。此外，本书还特别将不同信息在不同渠道下的传播效果做了例证和原理解释，便于读者在创建流量干预手段的同时，更好地为不同的信息找到更有效果的传播媒介。

本书列举了大量的案例，这些案例都是近年来曾经或者正在获得爆发式流量增长的真实案例。案例范围全面覆盖了线上和线下，利于更多行业的读者快速理解内容。

本书第五章的高阶部分给予读者更深层次的思考方法。有一定哲学基础的读者可以从本章获得更多思维方式，并创造更多有效的干预方式。

本书的目标读者主要是互联网运营人员、产品经理和创业者，对希望获得流量增加的其他行业从业者也具有参考价值。

**图书在版编目（CIP）数据**

干预：低成本流量增长的艺术 / 蔡志远著. —北京：清华大学出版社，2024.5
ISBN 978-7-302-65999-0

Ⅰ.①干⋯　Ⅱ.①蔡⋯　Ⅲ.①网络营销　Ⅳ.①F713.365.2

中国国家版本馆CIP数据核字（2024）第068375号

**责任编辑：** 袁金敏
**封面设计：** 杨玉兰
**责任校对：** 徐俊伟
**责任印制：** 刘海龙

**出版发行：** 清华大学出版社
　　　　**网　　　址：** https://www.tup.com.cn，https://www.wqxuetang.com
　　　　**地　　　址：** 北京清华大学学研大厦A座　　　　**邮　　编：** 100084
　　　　**社 总 机：** 010-83470000　　　　　　　　　　**邮　　购：** 010-62786544
　　　　**投稿与读者服务：** 010-62776969，c-service@tup.tsinghua.edu.cn
　　　　**质 量 反 馈：** 010-62772015，zhiliang@tup.tsinghua.edu.cn
　　　　**课 件 下 载：** https://www.tup.com.cn，010-83470236
**印 装 者：** 小森印刷霸州有限公司
**经　　销：** 全国新华书店
**开　　本：** 145mm×210mm　　**印　张：** 7　　**字　数：** 196千字
**版　　次：** 2024年5月第1版　　　　　　**印　次：** 2024年5月第1次印刷
**定　　价：** 69.00元

产品编号：105681–01

# 序 言

在与自媒体、电商和其他互联网产品从业的朋友们聊天时，我听到最多的一句话就是："行业太卷，流量太贵"。

这确实是如今许多行业都在遭遇的问题。倒不是环境变得恶劣了，而是经济从高速发展走向高质量发展，阵痛势必会存在。

2003年我主要的精力都在研究搜索引擎优化技术（SEO）上，彼时中国大约有37万个网站和近8000万网民。那时的SEO非常简单，只需要调整好关键词、页面标题等一系列技术，流量就如同开闸放水一样源源不断。我曾经经手的一个项目的记录是，3天时间让网站流量从每日400UV疯涨到46000UV，暴增100倍。当时这个案例在SEO的小圈子里并没有引起什么轰动，因为在那个时间段，这种操作几乎任何一个学过一段时间优化技术的新手都能完成。这就好像中国在改革开放之初，只要稍有想法就能赚得钵满盆满一样。在供应量少、需求量大的年代，流量增长的确不是什么复杂的事。

此后互联网的产品竞争一路飙升，产品供应方越多，用户的选择余地越大，口味也就变得越来越挑剔。例如之前我饿了，只能吃一种面条，我没有其他选择，现在我不但可以选择吃面条、炒菜、火锅、西餐，还可以选择吃重庆小面、武汉热干面、山西刀削面。这对于我之前吃面的面馆来说就是一种挑战，它必须做出更吸引食客的地方，才能留住他们的芳心。

数据显示，截至2022年12月，中国短视频用户总数已经超过10亿，仅抖音的创作达人人数就已经超过了1亿。如果这1亿人每人每天生产1条短视频，那么全年的产量就超过了360亿。受众每天面对的是海量的信息，他们再也不会像在互联网高速发展期之前那样，为了寻找有趣的内容而费尽心机，而是像一个王者一样，面对争先恐后的创作者，一脸孤傲地做出选择。

其实这一点在抖音上线后的这几年时间里就有明显的体现。在2020年之前，任意一条稍微有趣的视频就能够让观众点击"关注"按钮，成为视频发布者的粉丝，而到现在，挑剔的用户已经越来越少地点击"关注"按钮。当我遇到一条有趣的视频，我可能会去他的个人空间看看还有什么内容比较有意思，如果都符合我的品位，我才会考虑关注他。甚至更极端的情况是，即使该用户拥有很多我觉得有趣的内容，我都不会关注他，除非这个账号本身因为一些什么特别的原因引起了我的注意和牵挂，并希望在之后能看到更新的情况。

这就是高速发展和高质量发展的明显区别。

## 干预

在我们的社会里，每个人的行为不仅是自我表达的一部分，还是一张张交织在一起的、影响彼此的、无形的社交网络。我们的每一个决定、每一次消费，甚至我们的善举，都可能成为这张网上一次明显的振动，吸引别人的注意。这就是我在这本书中探讨的核心概念——"干预"。

让我们用一个实际的案例来探讨"干预"这种增长策略的力量。

联合国儿童基金会推出了一个慈善项目，在该项目中，联合国儿童基金会提供了一枚特制的戒指，而在这看似简单的配饰背后，却蕴涵着深厚的意义。如果你想要获得这枚戒指，你必须每个月为贫困儿童捐款，并且连续捐款达到3个月。

直观来看，如果人们不愿意为某个慈善行为捐助的话，那么他更不会连续付款3个月。但事实证明，正因为这样的机制，机构获得了大量的捐款。

这是为什么？

人类天生拥有着向他人展示自己最好的一面的渴望。这不仅限于我们分享某个好消息，买下一瓶昂贵的香水，或穿上新潮的衣服。它也体现在我们对美好生活的憧憬，以及我们通过各种符号和行动向世界证明自己的价值。

在这个案例中，戒指的设定正巧触达了人们公开表达自己善举的愿望。它变成了一个见证，一个能够被观察到的、衡量到的行动的证据。当你戴上那枚联合国儿童基金会颁发的戒指时，它无声地向世界宣告了你的价值观、你的选择和你的慷慨。它为你的善行提供了一个话语权，不仅让你得到了内心的满足，也让你周围的人看到了你的优秀品质。

这种干预不是操控，而是一种启迪。它鼓励我们做出更积极的选择，并且为这些选择提供一种可以展示给外部世界的方式。在海量的信息和无数的交易中，它是一种让个人的行为在社会中产生更深层影响的通道。这枚戒指就像是连接了个体与社会的桥梁，它提供了一种机制，让我们的私人善行变成了公共的善举，从而促进了一种更加正面的社会认同和行动的增长。

事实上，这种增长战略的应用远远不止于慈善领域，在市场营销、产品设计甚至日常生活中，我们都可以找到干性增长的影子。通过深入了解人性和社会心理学，我们可以创造出能够促使人们向善、向美、向真的产品和体验。

## 干预的定义

在探究人类行为的迷宫里，干预是那把能打开新视角的神秘钥匙。

简单来说，干预是一场精心设计的行动，目的是柔和地改变人们的行为，使之顺着我们所期待的结局发展。

2017年8月17日，一场"一元购画"的慈善活动拉开序幕。这场由某公益组织发起的项目，旨在为自闭症、智力障碍和脑瘫患者募集善款。人们只需花费一元钱，就能拥有一张由这些特殊人群创作的画作。这些画作虽然从专业的角度来看略显稚嫩，但其背后的意义却远不止一张画作那么简单。

活动开始的前几天，一切都很正常，没有过大的流量进入，也没有发生捐助降低的状况，一切都在有条不紊地进行。然而就在8月29日，这场活动突然开始爆发。在短短半小时内，参与购买画作的人数激增到100万，很快这个数字上涨到570万。1500万元的募款目标突击式地被完成。

到底发生了什么，让该活动突然加速？原因很简单：干预。活动的策划者从一开始就将"画作"的电子版作为了对捐助者最高的褒奖。

在平台提供给用户捐助成功后的回执里，平台一改之前单纯表示感谢的界面，而是将这幅画本身和创作者的信息展示在页面上，并且感谢捐助者为自闭症患者做出的贡献。除此之外，平台还设计了一键分享到社交媒体的功能，鼓励用户将自己的善意展示给他人。这就是该活动突然爆发的关键点。

深植于人性之中的，是一种对于正面社会形象的追求本能。我们乐于传播自己的好行为，避免提及不光彩之举。在慈善捐助的善行面前，我们更是急不可耐地想要分享，因为这是我们展示个人善意的窗口，是让社会认可我们良好品德的机会。分享了画作和感谢信的小小行为，就可能引发主动传播。

这就是干预性增长的魅力所在，它不激进，不叫嚣，却悄无声息地引发了行为上的滚雪球效应。人们自始至终都在追求那些能让他们光辉照人的时刻，而干预性增长正是在正确的时间，用正确的方式点亮了这种渴望，让每个人都能成为善的传播者。

于是，慈善不再只是单纯的帮助，它带上了情感、社交价值和个人自尊。

## 干预的意义

如果说一般的营销活动是一幅画，那么干预就是知名诗人在画上面的题跋。有些画作起初反响平平，但就因为某位名家在画上面的题词，让这幅画卷身价倍增。

干预最早用在临床心理治疗当中，当某人产生了较为严重的心理疾病，心理医生就会通过干预的方法帮助他恢复健康。而在流量增长过程中，干预是让人们发现产品和营销之外的价值和意义。例如我们提到的两个慈善活动的策划过程，策划者敏锐地发现了人们在内心深处并不希望隐姓埋名地做好事，于是通过鼓励分享的形式干预了人们做慈善的初衷。尽管这种方式似乎不太符合普世大众对于慈善本身的看法，但不可否认的是，慈善机构的确因此募集了更多的资金，为需要帮助的人们提供了更多的帮助。

互联网早就不再是十几年前那种随便做点什么都有人趋之若鹜的年代了。在大范围的流量之战，以及人口红利到达瓶颈的大背景下，获取更低成本的流量，甚至赢得更高的转化率是流量运营最核心的工作，而这也是流量增长从高速发展到高质量发展的重要核心。

干预理论正是在这种背景下产生的。

事实上，干预理论的核心依然是心理学和行为动力学，这和营销相关的任何学科都是一致的。不同的是，普通的营销科学讲究的是激活人们的目标性行为，干预则是激活人们在目标性行为背后更底层的驱动力。例如大部分短视频创作者会想尽办法提供更优质的内容给观众，但由于观众面对着太多的内容选择，仅仅让他体验到观看的快乐已经不足以让他成为作品的传播者。我们需要研究用户更深层次的传播原因，才可能有机会产生裂变传播。

就像社会心理学家戴维·迈尔斯所说："《哈利·波特》的爆红并不仅仅是由于罗琳写的内容生动，更因为这本作品成功引发了孩子们的模仿和讨论。"

# 目 录

# 第三章　更好的传播渠道才能引发更好的传播

# 第四章　干预实战

# 第五章　高阶部分：干预的深度思考

# 第一章
# 干预的本质

干预的本质是什么？

其实很简单：我们通过利用人们内心深处的一些认知偏差和决策偏差，通过合理的手段引导人们参与到我们的信息中，并愿意将我们提供的内容通过他们自己的社交媒体或者社交活动传播到更多地方，最终引发流量暴增。

这种行为在营销手段中十分常见，例如，有些广告策划公司为了让人们快速记住广告内容，会根据人们的认知心理和记忆原理去调整广告内容；有些流量策划公司为了策划出好的病毒式营销活动，会在产品本身上想办法，让产品或者信息的传播能够给传播者本人带来利好；还有一些消费策略公司会设计各种会员权益包、固定费率的消费包、折扣券、代金券等，刺激人们进行消费……所有这一切，其本质都是干预技术。

人性是自私的，大部分人类在进行某种行为时，他们会趋向于对他们有利的方向。这种逐利行为不仅仅是在经济方面，还包括人们在他人面前的形象（社会层面自我呈现）、在面对未知选择时的从众，以及人们时刻可能出现的"利己本能"行为等。

## 第一节　做"看上去"最好的自己

你是如何定义自己的？

面对这个问题，你可能会有无数的答案，例如"我在某某方面很厉害""我长得很漂亮""我是一个自律的人"……似乎这些定义都是你对自己公正且实际的评价，和别人没有任何关系，但事实上，人们在大部分时候认识自己，并给自己打上某种优势或者劣势的标签，不是因为他们自己认识到了这一点，而是因为别人的评价。

例如，你刚刚开始学游泳，但你并不知道你自己游泳的技术到底怎么样。但至少游泳这件事是能够体现你是一位健康积极面对生活的人，于是你拍了一些视频发到朋友圈，希望维护"健康积极"这个标签。但偶然间你的几位朋友在朋友圈评价你的泳姿很好，你的成绩已经超过了一般初学者的游泳成绩，你就会因此大受鼓舞，甚至给自己一个"游泳天才"的评价。由于你在游泳这件事上获得了"点赞"的正向回报，于是你会更积极地去游泳，去参加比赛，并把这些成绩分享到你的朋友圈。

反之，如果你第一次发了朋友圈获得的是一系列的恶评和嘲笑，那么你很有可能在短时间内不再发布这样类型的信息出来，至少就算是发出来了，也可能不会让那些曾经嘲笑你的人看到。如果你曾经获得过别人对你"坚韧"的好评，那么你会默默地训练，最终在获得成绩之后惊艳所有人；如果你从小就在很多事上被别人嘲笑，你可能会觉得自己干什么都不行，因而就此放弃游泳。

尽管有很多励志文章让你只管去努力，不要在意别人的目光。但根据别人的评价定位自己是根深蒂固的人类心理特征，人们通过他人的评价认识自己，无论评价好坏。

## 干预用户参与的欲望

　　基于这个理论，你就可以很容易地明白你的朋友圈的每一条信息所发布背后的原因。例如，一位发出自己跑步数据的用户，是在建立一个健康生活的标签；一位发出自己孩子不会写作业照片或者视频的家长，要么是为了引起共鸣，获得心理安慰，要么是为了展现自己幽默的一面；一位频繁在朋友圈发布行业信息的打工人，大概率是真的为自己的行业感到骄傲，并认为这篇行业新闻可以表达自己的态度……人们的每一次信息发布背后，都不是信息发布这个行为本身，而是发布时的心态。

　　在心理学中，这种精心打造自己对外形象的行为被称作自我呈现。人们通过良好的自我呈现来获得更好的他人评价，并且通过这些评价来定义自己真实的样子。别人说我是个品学兼优的人，那我就是个品学兼优的人；别人说我是一个热爱生活的人，那我就是个热爱生活的人。在自我评价这件事上，没有人能做到真正的独立和主见。而人们也恰恰通过这种方式，为自己寻找社会价值、社会定位和自信心。

　　于是，策划者和增长师开始启动干预计划。干预是让人们看上去更好，获得更多的正面评价，建立更强有力的自信心。

　　以前面提到的慈善活动为例。首先，我们可以明确地知道"善良"这个关键词所代表的意义：心地美好，纯真温厚，没有恶意，和善（解释源于百度百科）。这些标签对于任何一个人来说都具有巨大的诱惑。其次，我们需要了解人们为什么要追求善良的原因。无论是心地美好，还是没有恶意，这些形容词看起来似乎都不会对别人造成伤害，因此，善良就成为了社会交往过程中的绝佳优势属性。人们因为有了"善良"这个标签而有了更多的朋友，更容易被社会所接纳，也获得了更多的生存发展机会，同时也因为可能带来这些利好而更多地追逐"善良"的标签。

　　既然"善良"是良好社交的基础，那么我们就应该让善意和善举被更多人看到，这样才会发挥这个标签最大的意义。策划师利用各种形式的露出机会，让参与者有机会将这种正向的标签传播给更多人。慈善戒指和带有画作的感谢信就属于这一类。

类似的例子还有很多。例如一个健身App为了提高自己的用户活跃度，不但将每次健身的数据都以炫酷图表的形式展示出来，甚至还举办了大量的活动，只要完成某项任务，就发给参与者一枚精致的奖牌。对于绝大部分人来说，跑完全程马拉松，甚至半程马拉松是困难的，但是他们依然可以只跑五千米，就参加一项重大马拉松比赛的线上赛，并且获得奖牌。这些奖牌背后的意义并不仅仅是让人们获得奖牌本身，而是让人们可以把这些奖牌挂在家里、发在社交媒体，获得亲友的赞誉。

在这里我们发现了干预的手段：挖掘人们某个行为背后真正的目的，并通过能够迎合用户深层次需求的手段，干预用户对于产品本身的定位和看法，促进流量的增长。

在一些线下服务机构，类似的做法十分常见。例如某个艺术体操类的培训机构，会让参加培训的孩子拥有非常多的参赛机会，甚至获得参加全国范围比赛的机会；一些少儿乐器培训机构会让孩子在最短的时间内学会几首动听悠扬的流行歌曲；一些舞蹈培训机构会穷其人脉让孩子在各类电视台晚会上出现。所有这些行为的背后，并不是家长需要孩子练习的成果，或者真正学会某种未来生存的手段，而是家长本身想获得更好呈现的欲望在作祟。聪明的培训机构当然知道家长为什么会花高价让孩子来参加训练，他们巧妙地用各种比赛让孩子的简历更丰富，让家长朋友圈的点赞更多。

## ▌干预用户分享的欲望

有一天，我在短视频媒体上看到了一段我家乡的航拍画面。那是一段画面壮美、配乐恢宏的视频。在那一刻，我内心中的某根琴弦瞬间被猛烈拨动。我不记得在那个下午我一共看了它多少次，我毫不犹豫地将它发布到了自己的社交媒体，并满怀情感地写了很长的一段评论。对我来说，家乡就像是一颗璀璨的宝石，在任何时候我都希望把它展现、推荐给更多的人。在很长一段时间内我对那段视频念念不忘，甚至会在休息时再从我的社交媒体中找到它再看一次。直到有一天通过偶然的一个机会认识了这段视频的运营者。他说他们当时航拍了几十个城市的风景，并且每一段视频都经过了精心的剪辑和调色。而在发布时，他们重点将这些视频投放在了和视频相关地域用户的媒体当中。果然，很多人对自己的家乡充满情感，并由此产生了海量的转发和曝光。

很明显，这位运营者非常了解干预理论。对于传统的地方宣传策划方案来说，当然是让更多外地人看到本地的景色才是正确的，因为似乎只有这样才能让更多的外地游客前往本地旅行。于是，传统的运营选择了耗费大量的广告费用，付费购买更多的曝光机会。但待久了的地方真的没有风景吗？事实并非如此。

人是群体类动物，从远古时代人们茹毛饮血时，就对集体有着强烈的依赖感。如果一位我们的祖先表达出了明显对族群和部落的"嫌弃"，那么他很有可能被他所在的群体抛弃。在那个时代，抛弃意味着丧命，对于弱小的人类来说，这可不是什么好消息。于是根深蒂固地，人们对自己的家乡总是充满着某种特殊的情怀，一直在等待一个爆发的机会。

当有一天一条家乡的视频出现在面前，他们首先会被震撼。精美的画面和应景的音乐搭配得来的，是一种强烈的归属感。于是人们开始变得激动和骄傲，并迅速将它转发到自己的社交平台。而在社交平台上，信息孤岛几乎是不存在的，信息的传播者将其分享到社交媒体，就是为了让更多外地的人们看到他们引以为傲的家乡美景。

现在我们可以对比两种群体对于同一内容的传播动力。如果我们将广告预算主要投放在外地游客可以见到的平台，那么对于他们来说这可能是众多旅游宣传视频中的一条，如果不是内容非常出彩，那么一次推广给他们留下的印象并不会很深刻。这样就导致了两种情况：第一，广告的发布者需要耗费更多的广告费用来促使广告重复多次曝光，来加深用户心中的记忆线索；第二，广告的转化率过低。如果我们将广告预算主要投放在本地用户聚集的平台，效果就会出现非常大的改观。首先，本地用户的聚集地相对集中，例如一些本地公众号和本地的视频号等，由于视频号的机制，只需要点赞该视频就可以被点赞者的社交好友看到；其次，由于微信的强关系链特点，被推荐的视频本身就带有信任加成，因此更可能让其他的信息接收者获得良好的记忆效果。

为什么会有这种区别？

接下来的这段话可能会稍微生涩，但我会尽量用通俗易懂的语言解释给你听。在了解人们记忆某件事的过程之前，我们首先需要了解人类是如何处理某个之前从未遇到的信息的。例如我们现在见到了一款最新上市的品牌洗碗机。那么首先我们会把洗碗机这个产品和家务这个分类场景结合到一起，从用途开始对它了解。接下来，我们可能会对它的用途和我们之前洗碗的场景进行对比。例如，我们虽然喜欢在厨房里大展烹饪技艺，却对洗碗这件事毫无兴趣，而眼前的这款洗碗机似乎能够帮我完成这件我并不喜欢的事。这是让用户产生行为的第一个步骤，就是唤醒人们对某个场景的记忆。需要必须注意的是，只有充分引发起对过去经验的回忆，才有可能影响人们下一步的行为。而在上面的地方宣传片的案例中，对于大部分外地游客来说，他们对那里的美景是没有回忆的，所以也很难进行下一步的互动行为；但对于本地居民，视频画面中或多或少的场景都可能勾起他们美好的回忆。因此，本地用户更愿意对视频本身进行传播。

其次，人们对仅仅一次接收的信息并不会产生深刻的记忆。这就是我们前面所说的，为什么地方宣传视频的投放者必须要加大投放量，争取内容在媒体频繁曝光的原因。我们不但要传达让人们感兴趣、引发他们注意的内容，还要让他们的观点更容易理解、记忆，并确保这些信息能够让观众认可和接受。有一些广告花重金购买了电视台黄金时段十几分钟的时间来宣传自己的商品，但事实上，即便是没有因为感到烦躁而换台的那部分观众，也只有很小的一部分观众会被广告所说服。尤其随着互联网的高速发展，目前人们每天要接收的信息数以万计，如果广告内容本身冗长而又难懂，其效果必然微乎其微。但对于本地用户来说，他们早已熟悉了视频场景中的一切，所以一次播放就很容易让他们印象深刻。

最后，基于群体心理特点，人们对于自己所在的群体，以及相关的许多元素是有天生的好感的，这就是为什么会有人自信满满地说："谁不说我家乡美。"在这种心理特点下，人们会更加强烈地产生炫耀的心理。例如，我看到的那一条家乡视频，因为其画质精美，并且确实将原本没什么感觉的风景进行了升华，所以我会很自豪地将这条视频分享到我的社交媒体。因为我的家乡美，所以我骄傲和自豪，这种几乎普遍存在的因果关系自然会推动视频的广泛传播。

这简直太神奇了，不是吗？同样的一段视频，因为信息接收的群体不同，就形成了完全不同规模的两种传播效果。这就是干预的魅力所在。事实上我们在推出某个内容希望引发广泛的共鸣和传播时，有时传播效果不好的主要原因并不在内容本身，而是我们选错了信息接收者。当我们把内容传递给更愿意分享此段内容的潜在传播者时，他们虽然可能并非直接的消费者，但他们依然愿意不遗余力地成为我们最好的推广渠道。

## ■ 自尊的提升让用户更愿意参与和分享

我们在前面反复提到了一个词：群体。这是一个非常有趣的概念，心理学还特别为人类的群体属性分支出了一门单独的学科，叫做社会心理学。社会心理学主要研究人们在群体中如何看待自己，并如何与别人交往。

在流量的增长工作中，核心并不是我能提供什么，而是我提供的内容如何影响受众。其中特别重要的一个知识点是，用户在帮助分享我的内容时，他能得到多大的自尊。例如我们提到的那枚戒指，那张电子版的感谢信，还有那段证明我们家乡美的视频。所有这些内容都有可能引发疯狂的传播和参与，因为它们都带给了信息的传播者一个非常重要的利好：自尊。

自尊是一个人内心深处对自己的价值、能力和重要性的主观评价与情感体验。它体现了一个人是否真正认同自己，能否看到自身的价值，并对自己持有积极的态度和信念。换句话说，自尊就是我们每个人对自己的一种感觉，这种感觉会影响我们如何看待自己，以及我们在生活中的种种选择与行为。当我们拥有高自尊时，我们会充满自信，积极面对生活的各种挑战，对自己的未来充满信心；而当我们的自尊受损时，我们可能会陷入自我怀疑，对自己失去信心，甚至对生活产生消极和沮丧的情绪。人们之所以会参与和传播对自己形象有利的信息，是因为这些内容可以提升别人对自己的评价，同时也会因为这些评价提升自己的自尊。

人们获取自尊的方式有两种：一种是真正提升自己的能力，让自己成为某个方面的专家，并因此得到广泛的赞誉；另外一种则有些急功近利，人们会虚构一些成绩告诉别人，并因此获得相应的正向评论之后获得基础并不牢靠的自尊，俗语中这种行为也可以被称为吹牛。

讽刺的是，人们通过吹牛获得短暂自尊的概率要远远大于真正花费时间去训练一项技能。

事实上我们在努力促使用户使用我们的产品或传播我们的信息时，更核心的干预并不是告诉用户他通过自己的努力可能会达到怎样的高度，而是尽可能多地即刻满足他的自尊。

人类总是希望能以最短的时间呈现出最好的自己，尤其是在社交媒体的环境中。以A健身房和B健身房为例，A健身房如同一位严谨的教师，时刻督促着健身者投入锻炼，追求肌肉的增长和形体的改变。相比之下，B健身房则更显聪明和贴心，不仅协助健身者调整姿势，还专业地为健身者拍照，以便他们能在社交媒体上即时展示自己的健身进程。那么人们到底要的是真实的肌肉，还是看上去积极阳光的自我呢？都有，但是后者的影响力似乎对于一些希望表现出自己更好一面的人来说更重要。在这个过程中，两个健身房的产品并没有太多不同，也许唯一的不同就是对用户干预的方法。最终的结果就是：B健身房的到店率和续费率要明显高于A健身房。

依赖增长为生的人们，总是把提升用户的自尊作为他们不宣于口的秘籍。对于目前越来越流行的预制菜，你会觉得它们的出现只是希望人们能在最短的时间内做出可口的饭菜吗？并不完全是。

想象一下某个单身年轻人并不十分会做饭，至少不会做出色香味俱全的中餐，那么如果仅仅是选择填饱肚子的话，他可能不会在疲惫地回家后再钻进厨房。但如果预制菜能够用最简单的方式做出一盘堪比餐厅的、色香味俱全的菜品，那情况就会完全不一样。他们会乐此不疲地选购各种不同的预制菜，并在包装盒的指引下，把成品发布到他们的朋友圈。这简直太棒了，他们不用买菜、洗菜、切菜，只需要按照步骤加热，或者最多在锅里翻炒几下，一张能够证明自己厨艺精湛的照片就因此而生。假如有一天一家预制菜公司需要做出干预策略的话，那么在餐盒外放置一张如何把每一道菜都能做出米其林风格的样子，并且找准最佳拍摄角度的说明书，会是第一件要做的事，也许顺带着，连能够搭配菜品的精美餐具也一起卖给消费者了。

同样的，一些唱歌的软件也在为干预用户获得的自尊而付出诸多努力。对于一个唱歌为主要业务的移动应用来说，获得流行音乐的版权很重要，但并不是最重要的。人为什么会喜欢唱歌？其实真正意义上希望表达自己情感的歌者并不多，大部分的业余爱好者就是希望在朋友面前展现自己近乎于原唱，甚至超越原唱的金嗓子。那么这种情况下，从唱歌软件中输出录音棚级别的音效就变得和最流行音乐伴奏的版权同等重要了。一些唱歌软件不但提供了先进的修音工具和人工智能的一键修音工具，甚至还推出了付费版本的人工修音。在这种情况下，这个软件获得爆发式增长的关键点就出现在了修音的技术方面。如果某个人唱歌其实很一般，但是修完之后犹如天籁，那这就是流量增长的核心关键点。

可以预见的是，一旦某人对某一首歌非常满意，那他大概率会把这首歌发布到自己的社交媒体。而他社交圈子里的其他人就很有可能产生联想：这家伙平时唱歌还不如我，我要是用这个软件唱歌，是不是会变得更动听？这种提升自尊的欲望推动着新的用户下载、歌唱、修音、发布，甚至付出更多钱。

这就是干预形成流量增长的关键之一。

作为人类最看重的需求之一，自尊的提升几乎是许多大型互联网公司成功的法宝。就像是早期的修图软件一样，虽然一些过度的修图已经让人变形了，但这重要吗？不重要。重要的是这幅图被发到社交媒体之后会获得更多陌生人的点赞。

## 第二节  追求更大的经济利益

为了获得折扣、免费赠送等一些利益方面的追求，人们转发某条信息的动力陡然而生。这就是某个电商平台鼓励用户邀请其他人帮忙砍价，并因此大获成功的核心原因。

还有某个拼购平台采用了"薄利多销"的模式，参与拼购的人越多，商品的售价就越低。为了能让更多人参与购买并且获得更低的价格，人们愿意将该商品分享给好友或者发布到社交媒体。在执行这个行为时，参与者是这样做成本收益分析的：帮助平台分享该商品并不会消耗自己更多的资源，而收益却十分明显——可以更便宜地购买商品。

由此我们可以发现：刺激人们主动传播信息的前提条件之一就是给予人们显著的外部回报。我们可以根据自身产品的属性和目标客群来设定促使用户主动传播的奖励机制。假设我们的商品平台是为了让人们获得优惠商品，那么奖励是让用户在主动传播信息之后获得更大的优惠和物质利好；假设我们的商品平台是为了提升人们的自我价值和社会价值，那么奖励就是用户在传播信息之后获得更大的价值提升。这些都是干预的核心。

## 人们追求利益的本质

在提到进化心理学时，经常会提到这样一个故事：一位女性智人在采摘浆果的过程中忽然发现了一棵大树。这棵大树枝繁叶茂，并且结满了香甜可口的浆果。面对这种诱惑，她会做出怎样的反应呢？很简单，她会狠狠地吃饱，甚至饱到不能动为止。

时至今日，人们依然对于高热量食品几乎没有抵抗力。即便是一些严于律己的运动员和健身人群，也会在某个时间偷偷地品尝一口香甜的蛋糕。无论是现代人还是我们的祖先，人们都无法摆脱基因的魔咒，面对高热量食品只想大快朵颐。

事实上，这对人类的祖先而言具有适应性意义。高热量食品可以提供大量的能量和脂肪储备，帮助祖先在食物稀缺的时期存活下来。而这种对于高热量食品的偏好在人类进化历程中逐渐被固化下来，并遗传给了后代。在现代社会，尽管我们已经无须为了生存而储备大量的脂肪和能量，但是我们的基因仍然保留了对于高热量食品的偏好。

　　同样的道理，当我们的祖先在遇到某种可以用很小成本就获得巨大回报的行为时，他们也会不遗余力地去追求。在远古时代，人类面临着艰苦的生存环境，资源有限，竞争激烈。为了确保自身的生存和繁衍后代，人类必须不断寻找和利用资源。这种对资源的追求逐渐演化为逐利行为，即追求经济、物质和社会利益。

　　而这种基因同样也深刻在了我们的骨子里。所以从本质上来看，现代社会的人类在互联网上寻找优惠的过程，和几万年前人类祖先争取利用最小的成本获得最大利益的本质，是完全一致的。

## ▋ 用逐利的人性干预用户的行为

　　根据调研的一些情况，当我们期待让人们出现逐利的欲望和行为时，需要考虑以下几件事：第一，所发布的信息是不是能够打动他，使他为了逐利而关注信息本身；第二，关注产生后，会不会由于更强烈的逐利欲望而产生信息传播的行为，例如"邀请好友帮忙砍价""邀请好友助力抢票"；第三，当信息被传播到社交媒体，该条信息的接收者会不会帮助他砍价、助力；第四，帮助他砍价和助力的新用户，会不会产生逐利的欲望，从而自己发起一轮新的信息传播。

　　以下，我们以一个实际的电商平台发起"邀请好友助力免单"的案例来说明这个流程，并且分步骤总结其中干预技术发挥作用的地方。

　　首先，某个电商平台发布了一条"邀请好友助力免单"的活动。该活动的核心是当用户看到某一款心仪的产品时，可以将商品分享到社交媒体或者即时聊天工具中。如果获得的"助力"达到一定的数量，这款产品就可以免费赠送给用户。值得注意的是，不同的商品由于价格不同，所需要获得的助力也并不一致。假设我们看中了一瓶3元的可乐，那么我们只需要10个其他好友的助力即可，但如果我看中的是一款价值近千元的手机，那么助力所需要的总数就可能多达数百，并存在其他附加条件。这个过程中，电商平台刺激了人们对获得某种奖励或好处的强烈愿望。当人们面对可能获得的免费商品或大幅度优惠时，这种潜在的获得欲望会被激发，从而促使他们关注相关信息。

其次，用户关注活动后，他们分享的行为实际上是被逐利的欲望所驱动的。从行为动力学的角度看，人们有一种追求奖励、避免惩罚的天然倾向。在这里，邀请更多的好友助力可以增加获得免单资格的机会，这实际上是一种潜在的奖励。这种奖励机制促使用户积极地进行信息传播，以期达到目标。许多电商平台在这一步设置了进度条，时刻提醒用户还有多少人助力就可以免费获得心仪的商品，增加了他们分享的动力。这一步，是利用逐利欲望来刺激人们产生分享，达成流量增长的关键。

第三，人类是社会性动物，其内在的愿望是与他人建立和维持良好的关系。当好友发出邀请时，很多人会基于互惠原则（即"我帮你，你也帮我"）或者简单的友情和社交压力而给予帮助。这种行为在一定程度上也是受到社会规范的影响，即人们普遍认为应该帮助他人。基于这种情况，只要信息发布者本身没对他的好友圈构成太多的威胁，那么帮助便很容易达成。

最后一步是电商平台获得新客的关键。当助力的人们看到他人都在参与某个活动或追求某种利益时，他们很容易被吸引并模仿这种行为。此外，社交媒体上的信息洪流和群体压力也会使一些原本不感兴趣的人产生参与的冲动。这种冲动在很大程度上是受到逐利欲望的驱使，即希望能够通过参与活动获得某种形式的奖励或好处。例如我看到了某人在朋友圈里发布了一个"帮我助力，让我免费获得一辆自行车"的信息，那么尽管我可能没帮助信息的发布者助力，我也有可能会打开该App，选择我心仪的商品，并决定自己是否也发起一个助力活动，获得我想要的东西。

是不是觉得顺利极了？

事实上，这个流程确实是通过逐利心理刺激转发的标准流程，而且有效性也不差。但我们必须要看到的是，由于互联网人口红利的瓶颈，人们对信息的挑剔，以及各大电商平台都开始使用这种手段，似乎人们已经没有像一开始那样容易按照我们的想法来一步步地走下这个流程。传播过度带给人们的并不是更好的体验，而是信息过载，导致视而不见。引用杰克特劳特在《定位》中的一句话就是："在传播过度的社会，传播反而更重要了。"

我们需要做点什么来改变这种情况，也许干预理论就是一个不错的选择。

人们不再愿意分享"砍价"和"助力"信息的原因，不是因为这些活动不能满足他们的逐利需求，而是因为这些信息的传播方式在几年前就已经被过度滥用，导致人们对这种骚扰信息感到厌恶。以前有很多App分享砍价的功能，现在却找不到了，除了这些App已经获得了品牌效应，无须再做病毒式的传播之外，更重要的是它们可能意识到这种手段可能会对用户造成负面影响。这说明，当短期利益诱惑与长期的社会形象产生冲突时，用户更愿意放弃短期利益。

在这种情况下，我们就必须权衡一种既让用户保持个人形象，又能获得直接利益的方法，以干预人们主动传播的意愿。

于是，新的办法诞生了。电商平台把"邀请助力"改成了"赠送红包"，当某个用户在平台下单并购买成功后，不但可以获得平台提供的默认折扣，还可以获得一个价值500元的红包。

这不是简单意义上的红包，而是一款折扣券红包。用户将该红包分享给其他用户后，其他用户就可以获得5~100元的随机折扣券，一旦该折扣红包中的现金全部被领取，那么发红包的用户本人就可以获得15元的无门槛现金，而他可以用这15元购买平台的任何东西，甚至可以单独使用这15元。

听上去确实让人兴奋！增长师非常清楚人们追求的核心需求，并通过提升社交影响和交易划算感的方式，把"助力"变成了"赠送"。分享者既保住了"面子"，也获得了利益。

## 第三节  做"正确抉择"的自己

群体效应和从众心理可能是被互联网公司使用最多的心理学战术。

想想看,你在网店买东西时,除了参考商品本身的质量、品类、实用性和价格之外,还有哪些因素会直接干预你购买的欲望?当你选择下载某个App时,关键词的排名可能的确是你下载该App的依据,但是当你决定要在里面支付相应的服务费用时,你会因为什么而下定决心支付。

都是从众心理。

从众是这个世界上可能最容易引发一个事件或者信息热门的心理因素,其意义是,人们因为各种原因在无法进行决策时,就会"随大流"地进行决策,以确保自己的行事方式正确。例如你在网点购物时往往会看看这款商品有多少人购买过,有多少好评;你在选择看一部电影时,也会提前看看网上的评价,来决定自己是不是要去花钱买票……这种情况下,被关注越多的信息,会更加受到关注,而没有被关注的,就很难被别人关

注。社会心理学家罗伯特·K. 默顿（Robert K. Merton）甚至因此提出了著名的"马太效应"——"凡有的，还要加给他，叫他有余。凡没有的，连他所有的，也要夺去"。不仅如此，就连中国古代的哲学家、思想家老子，都在《道德经》中有所表述："天之道，损有余而补不足。人之道，则不然，损不足以奉有余。"

大部分人都觉得自己很有主见，但事实上，这个世界上只有1.5%的人能基本做到不从众、不随流、不冲动。

## 在人们没有主见时干预他们传播

人们出现从众心理有两种可能：规范影响和信息影响。由于这两种影响的因素，人们在许多场景下都会出现或多或少的从众行为。

规范影响的意义是为了和周边的其他人保持一致，以防止做出"不合群"的表现。例如你接受了一个高端的商务宴请的邀约，你之前还从来没有参加过如此高端的聚会，于是你开始考虑那天你到底要穿什么样的衣服。如果像电视剧里那样穿着笔挺的西服可以吗？那一旦别人穿得就很休闲呢？或者，如果你穿了相对休闲的衣服，但是一旦别人穿的都是正装该怎么办？类似两难的选择，在你的人生中一定出现过很多次。

例如当社交媒体中疯传一篇关于互联网行业未来预测的文章时，如果你不转发，你可能会担心被别人视为"落伍。"如果社交媒体中人们正在尝试一款新的社交游戏，甚至有人已经向你发起了挑战，如果不参与的话，你担心自己成为别人眼中的"怪咖"。还记得当年火爆全网的冰桶挑战吗？由于其具有对渐冻症患者的慈善目的，当社交媒体中有人公开对你发起挑战，你也许根本无法躲避这种信息的袭击，只好选择捐款，或者把一整桶冰水浇在自己身上。

有很多信息传播依附社交媒体渠道，这给了信息的最早发起者很好的干预机会。如果某人接收到了一条信息，恰好发送这条消息的人来源于自己的现实好友，那么无论他是否对该信息感兴趣，他都有可能因为防止被好友抱怨而主动参与其中，这也是由于人们遵从了规范影响而产生的行为。

当某个信息在社交媒体列表多次曝光时，人们也可能受到规范影响而继续传播内容。例如在国庆日，人们纷纷将自己的头像修改为国旗以及爱国的其他元素。很多更在乎群体的人就会通过也修改自己的头像来减少可能出现的群体拒绝。

另外一种从众的原因是信息影响。信息影响是指当某种情景比较模糊时，人们为了获得准确行事的可能而出现从众心理。人们担心出现某种自己未知的信息正好属于他率属群体最重要的信息，因此当他发现同行业的很多人都在转发某个他不太理解的信息时，他有可能也像别人一样，先转发信息，以确保自己行事的准确。

2021年，我曾经看到一篇利用熵增和熵减的原理来讨论经济社会发展的文章。这篇文章在我朋友圈中有多位营销、互联网界的从业者转发。当我打开它时，发现是一篇极为拗口、知识点干涩的内容，为了读懂它我甚至查阅了关于熵的很多知识。当天晚上，我发现我朋友圈中的一位从事房地产中介并且非常年轻的朋友也转发了这篇文章，当我委婉地问他关于这篇文章的看法时，他毫不避讳地说："我不懂，但我看到很多我的客户都在转发它，我想它可能是一篇很厉害的文章，所以我也转发了。"这正像是戴维·迈尔斯所说："与群体保持一致会使人们特别容易证明自己的决策是正确的。"我的这位朋友在没看懂这篇文章的情况下转发了这篇文章，恰好让自己看上去比其他同行更加专业。毕竟实事求是地讲，也许他社交媒体中的潜在客户可能也没看懂那篇内容说的是什么意思，但这种内容会让他们更加觉得他具有独到的经济眼光，会更好地选中未来可能增值的房产。这是从众心理对这位中介人员带来的最直接的好处。

火爆全网的ChatGPT是如何火爆的呢？两个月时间用户总数破亿，这是多么可怕的案例。要知道TikTok达到这个数量级耗时九个月、微信用了1.2年、苹果公司的Apple App Store耗时整整2年……事实上它爆红的原因很简单，和我们之前谈到的《哈利·波特》爆红的原因一样，专业级的讨论引发了从众式的参与和讨论，之后又引发了更多人的讨论，循环之间，神话造就。

## ■▌"权威人士"在流量增长中的干预效果

　　谁是权威者？这个定义事实上是非常宽泛的。对公开的社交媒体来说，一些具有良好机构背景、教育背景、身份和职位背景等相关信任背书的人，可以被称为权威者；而在实际的生活场景中，任何人都有可能在某一个特定的时间段成为权威人士。例如，我有一位朋友的女儿即将过10岁生日，而我女儿恰好也是10岁，那么我在为那位朋友的女儿购买礼物时，就会询问我女儿的意见——毕竟同龄的孩子很可能更了解对方。这个时候，我10岁的女儿就是我在购买礼物这件事上的权威人士。

　　在干预理论以及这本书中，权威信息进行的干预案例非常多。例如，我们在某个知识网站上分享了一篇如何进行流量增长的文章。起初，它是不温不火的，但突然有一天它开始一路啸叫着冲进热榜。是因为读者对我的内容忽然大彻大悟了吗？不是，是因为有一位知名的行业专家说我的内容有参考价值。

　　人们对于权威认同的原因可能有几种：一种是由于人们在思考某些事时存在经验和知识不足的状况，而权威者的行为引导是他们避免错误行事非常简单有效的方法，所以在很多时候，人们愿意遵从权威人士的意愿而进行相关的行为；另一种是由于人们对于权威人士本身具有信念误区，大部分人认为权威人士的知识水平是高于自己的，按照他们的行事方式进行决策，很可能会获得一些利好。第三种是人们对于权威人士具有过度依赖，当权威人士提出了某种行事的方向，其他之前需要考虑的因素似乎就不再重要。

　　聪明的增长师总会在日常运维自己的"权威圈子"，每当一个新的内容出现，借力打力总会出现意想不到的效果。在很多低成本的营销方案中，利用权威人士进行传播干预计划是屡试不爽的秘籍——除非帮助我们传播信息的意见领袖出现了信任危机，否则这一类干预的实效性非常之高。

在线下流量增长中，一些线下服务机构用尽全力让每一位参与者都享受到最好的服务体验。这种方式可不仅仅是为了让人们体验到该品牌的高标准的服务能力，而是为了让每一位已经体验过服务的用户成为他们的传播者。

例如你现在计划找一家餐厅来宴请你多年未见的老同学。这位同学是你的初恋，虽然你们当时因为各种原因分手，但这些年你们都没有结婚，你也希望通过这次聚会来与她重续前缘。在这之前，你没有任何类似的经验，恰巧此刻你在电台中听到有一家主打浪漫主题的餐厅在做广告。而你的好友告诉你，这家餐厅的服务、菜品和环境几乎无可挑剔，在这种情况下，你会毫不犹豫地听从好友的意见。这就是有可靠信息时人们的从众行为。

一些点评类App了解人们对于可信任人的从众程度更高，因此他们推出了带有明显社交性质的点评展示机制：当用户愿意将其社交列表导入，系统就会在明显的位置展示存在于他们社交列表中的人对于某商品或者服务的评价。例如，当你计划选择一家餐厅时，忽然发现在点评列表中你的姨妈对这家餐厅大为推崇，那么你选择这家餐厅的概率就会高出很多；当你计划购买一台新的手机时，你发现你的同事正在使用一款经济实惠，并且具有完全办公功能的手机，那么你也很有可能购买该款手机。

# 第二章
# 怎样的内容干预
# 会引发流量暴增

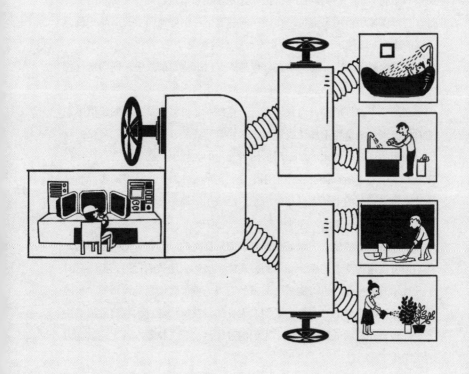

也许正在阅读本书的你从一开始就翻到了这一页。是的，我猜到了。因为大部分人，包括我在内都和你一样，在信息爆炸程度越来越高的今天，选择了急功近利。但我还是建议你可以从第一页开始阅读，因为只有这样，我们在本章所讨论的内容才不会显得那么突兀。

就像是你从一拿到这本书就翻到了本页一样，人类虽然自诩为地球的霸主，但事实上人类在进行事件决策时是存在非常多的偏差和漏洞的。这个问题的产生有一部分的可能是由于人类进化时间过短，还没有能练习到"理性"的能力——事实上人们的大部分下意识行为都是存在缺陷的；另外的一种可能是，人类由于经验的欠缺，存在认知的偏差。

以一个非常简单的营销干预为例：有三家小店，A店只能支付现金，B店可以选择现金支付和电子支付，而C店不但可以进行现金支付和电子支付，还可以使用信用卡支付。在同样的情况下（例如他们卖的商品一致，商圈的热度一致等），哪家店会卖得最好？答案是C店。

在行为经济学中，有一个被称作是"支付去耦"的效应，即购物过程中实际支付和获得商品的过程被分离。我们用信用卡购买某个商品时，我们会立刻获得这件商品，而我们真正为这件商品付款，是在我们还信用卡的时候。现金消费则不然，我们什么时候拿到商品，什么时候就需要把我们口袋里的现金给商家。由于用信用卡支付的金钱损失感并没有直接支付现金那么强烈，所以能够使用信用卡支付的C店自然获得更多的客源。这种"支付去耦"的干预手段迄今为止广泛应用于消费场景中，尤其针对缺乏消费经验的用户来说，这种干预手段行之有效。

但不可否认的是，干预是一把双刃剑。良好的、具备有伦理道德的干预不但可以增加受众的感受和福利，还能切实达到增长的目的；但一旦对干预技术恶意操作，也可能带来严重的后果。例如曾经祸乱校园的"校园贷"就是滥用干预的一个典型案例。无良的贷款机构通过大肆渲染消费主义、展现日还款的低廉、提升学生们的过度自信等，拉着本就无还款能力的大学生下水。

那么什么是好的干预呢？哪些具体的干预方式可以刺激流量暴增呢？本章将用八节的内容来讲解那些让人兴奋的干预手段。

## 第一节　干预人们的自我呈现

如果一位女孩子希望别人评价她长得漂亮，那么她就有可能分享自己的照片到社交媒体；如果一位学生希望别人评价她刻苦努力，那么她就会把自己获得的成就分享到社交媒体。人们努力地在社交媒体和社会交往中维护着自己的形象，希望自己获得更好的自我呈现。

如果仅仅如此，就不能算我们干预成功。例如，如果某人已经在某个标签上获得了足够的正面评价，那么她可能会变得很自信，并不再发布这类内容。例如一个长相漂亮的女孩很少会发布自己的照片到朋友圈，一个已经对自己的成就非常有自信的人也不会将一些不重要的表扬和奖品分享给别人看，除非他们突破了原有标签的界限，否则他们会更平淡地看待这些能够提升和维护他们标签的事物。事实上，社会心理学家对于社交媒体

上人们所发布的内容经过大量分析后发现：只有当人们渴望得到某种事物时，才会更主动地发布某事物。这和一句俗语不谋而合："人们在生活中缺什么，他们就会吹嘘什么。"

人们期望的自我呈现包括很多方面，有正面的，也有负面的。一般情况下，人们普遍正面评价的内容会更容易让人们主动传播，其中包括外表吸引力、能力、品德、持有资源的充沛程度、健康和积极的态度等。

## 干预人们提升外表吸引力的欲望

没有谁愿意承认自己是一个丑陋的人，即便是敲钟人卡西莫多也会注意自己的仪表和谈吐。人们对于外表的追求几乎不限性别和年龄，就连小婴儿也会在穿上自己喜欢的衣服之后更加开心。正因为如此，很多人在将自己的照片发布到社交媒体之前，都要精心地选择，甚至修图。有人戏谑地说："拍照一秒钟，修图两小时。"这恰恰反映了人们对于自己外表吸引力的重视。

一款修图软件最常见，也是最有效果的营销方式是这样的：开发者努力提升修图算法，对自然地提升人们的外表形象几乎达到了苛刻的地步。他们研发出自己认为已经满意的算法后，就会寻找一些拥有大量关注者的社交媒体账号持有者，让他们试用，并将处理后的图片发布到他们的社交媒体上。由于被处理后的照片的确更加自然，甚至看上去像是专业作品，因此自然会受到更多关注外表吸引力的人们的注意。人们会循着照片下角的软件名称去寻找软件，并且在下载安装，并修出自己满意的照片之后，发布到他们的社交媒体。于是，一个持续不断的病毒式传播就此形成。

正如一款成功的互联网产品能够影响和改变人们的行为，修图软件的成功亦在于它们知道如何触及人们内心深处的渴望——被看见的渴望，被赞誉的渴望，甚至是改变现实的渴望。而这些渴望一旦被激发，便不仅促使人们采取行动去下载和使用这些软件，更驱使他们在网络上积极互动，分享那一刻的自己，从而完美实现平台的目标：构建一个活跃互动，渴望被关注的社群。

修图软件利用先进的算法，配以意见领袖的影响力，再加上对比法这种直观的效果展示，设计出了一个完美的用户参与轮回。用户在这个轮回中既是创作者也是受众，他们自行塑造了一个更好的自我形象，这个形象在社交媒体上受到的肯定越多，他们对这款软件的依赖就越深，使用的频率就越高，从而强化了平台的黏性和互动性。

由此，我们见证了修图软件的核心逻辑：提升个人的外表吸引力，满足用户在社交媒体上自我呈现的渴望，并因此驱动他们的参与和分享行为。

每当用户在社交网络上收获点赞和评论时，他们不仅分享了一个瞬间，更在不经意间推动了软件的数据增长。最终，这种不断螺旋上升的相互作用，让修图软件成为了连接现实与虚拟、个体与社会的桥梁，证明了一款互联网产品之所以获得成功，是因为它能在某种程度上干预、激发并满足人们内心的某种欲望。

## ▍干预人们展现自我能力的欲望

人们对于能力的自我呈现和外表吸引力的自我呈现程度几乎一致，甚至在很多时候要更高。更多的人希望自己成为一个有能力的人，而不是一只花瓶：空有好看的外表，缺乏有内涵的头脑。为了达到这个目标，人们努力学习，积累经验，增长见识。除此之外，只要有"拿得出手"的成绩，人们都愿意在社交媒体把它展示出来。

以一款社交类游戏为例，该游戏依附于社交媒体，人们通过控制力度和方向，越过障碍向更远的地方"走"。游戏发布之初，人们对游戏本身的兴趣不大，甚至不愿意将更多的时间耗费在无谓的游戏上。但随着一些人的社交媒体信息列表上出现了别人的游戏记录，人们开始关注起这款只需要打开别人的成绩分享页就可以挑战对方的游戏。很快，无论是在交通工具，还是在餐厅酒吧，都可以看到捧着手机全神贯注的人们在试图突破好友的成绩和自己的极限。当人们真的挑战成功，他们就会非常开心地将自己的游戏成绩界面分享到社交媒体，等待其他人的挑战。正是在这种人们挑战和被挑战的过程中，人们以展现能力的欲望全力将这款游戏推动成为现象级应用。

在能力展现方面，男性用户似乎更加钟情。上述案例的游戏在阶段性复盘时发现：男性用户发起和迎接挑战的数量明显高于女性用户。这种显著的性别差异完全可以用进化心理学解释：在远古时期，好斗的男性在风险中总能得到更多的收益，因此攻击性和竞争性从我们的祖先开始就深刻在了我们的基因当中。

当然，展示能力并非男性的专属。许多努力希望获得更多社会认可的女性也在通过各种方式展现自己杰出的能力。病毒式营销的研究者发现，如果某篇内容涉及垂直领域的数据、尖端科技、学术问题等，女性转发的数量和男性相比并没有特别明显的差距。反而在社交游戏这种案例中，成熟女性则更少参与其中。

人们展现自己能力的欲望与生俱来，他们深知：只有让别人知道自己能做什么，别人才有可能更加认同其社会价值，他们也更有可能获得更多的社会资源。无论是学术类、行业类的知识展示，还是游戏成绩的展示，人们都希望能得到别人对其能力的认可。纵然有些能力似乎并不会对他个人的社会资源产生明显的变化（例如社交游戏的成绩），但人们依然愿意为了接受一份"点赞"和一份"好评"而义无反顾地将其分享到社交媒体当中。

## ▋ 干预人们展现高尚品德的欲望

对于品德高尚的人，人们当然愿意接近他，并更多地给予其信任。在商业社会中，由品德而来的信任几乎是所有企业家的"商业通行证"，拥有更多信任、品德更加高尚的人能够获得更多的交易机会和订单。因此在很多场景下，人们通过各种方式提升并展现自己的品德。

在不同的文化背景下，人们所认同的品德也有所不同。但是有一些品德无论在何种文化下都是共有的，例如善意。

人们希望表达自己的善意，让别人评价自己为善良的人。每当灾难来临，人们纷纷为难民慷慨解囊，其中当然不乏真正的利他主义者，当然，也包含许多希望为自己添加善良标签的人。我们不能简单地评价那些为了获得回报的慈善是否是真正的慈善，无论如何，慈善行为的最终结果是让弱势群体的困境得到缓解，但帮助人们展现品德的信息，总是可以收获更佳的传播效果。

我们在本书一开始时，就讨论过关于帮助人们展现高尚的品德而获得流量暴增的案例。在这个案例中，无论人们因何驱动力而进行了信息的传播行为，那些自闭症的患者都获得了更好的治疗机会——尽管在使用干预手段来提高人们行善这件事上评论者褒贬不一，但无论从最终达成的慈善结果，还是从干预的技术手段来说，这次活动无疑是成功的。

人们深知品德对自己的重要性，因此对于建立品德标签和有关品德的正面评价人们会更加重视。一些干预方案正是利用了人们的这种欲望特征。一部寻亲的电影在宣传阶段并未像其他电影一样通过播放花絮、宣传片等吸引人们的注意，而是从寻亲网站找到失联儿童的信息，在授权后由电影的主创人员拍摄许多寻亲短视频，并为每一个短视频专门制作传播页面，在页面上展示本条信息被转发的次数。很快，这些短视频在网络上产生了爆发式的效果，人们纷纷传播相关信息，使电影本身获得了良好的推广。当然，其中获益的不仅仅是电影制片方，那些发布者不遗余力地转发也使他们在别人的眼中潜移默化地有了"善良""责任"等标签。

对于干预技术本身来说，重要的并非是内容和形式，而是如何激发人们主动传播的欲望。品德的力量在此刻起到了显而易见的效果。人们渴望拥有良好的品德以获得更好的群体接纳，因此将品德呈现作为病毒式营销内容的传播活动也更加容易获得成功。

## ■ 干预人们展现资源充沛的欲望

如果一个男性在社交媒体展示自己很富有，那么他很有可能会不经意地晒出豪宅、豪车的照片，用来吸引女性的注意和认可；如果一个女性在社交媒体展示自己很富有，那她可能是为了展示自己生活的惬意和稳定。同样，无论男性还是女性展现自己呼风唤雨的能力，他/她们都是希望让别人知道自己的能力和价值处于高位。

讽刺的是，大部分展现自己持有丰富资源的人，也许并没有他们所述的那样充沛。简单来说就是，一个在互联网上晒出自己优渥生活的人，实际上也许并不能经常体验那种他所展示的优渥生活。而正因为少见，他才展示到了自己的社交媒体中。

为什么人们会这样做呢？事实上，这正是人们的日常社交习惯所导致的。

在社会活动中，人们深刻地知道充沛的资源会导致马太效应：如果你拥有的很多，那么别人因为相信你的"实力"就会给你更多；如果你看上去穷困潦倒，那么很遗憾，你所得到的也许最多只够温饱。

现实生活中基于人们持有资源的多少进行代表性判断的人比比皆是，因此人们也明白展现自己持有资源丰富的一面会带来许多的好处。尤其是在资源匮乏的人群当中，这种思维更容易出现。他们看待持有更多资源的人会给他们更多的信任，而他们自己也会认为持有更多资源会带给他们更多的机会。

除此之外，在人们内心深处几乎都刻着"阶层跨越"这样的基因。人们渴望阶层跨越，于是用各种各样的方式实现这样的梦想——努力的人通过学习和训练来达到自己梦想中的阶层跨越，而缺乏动力的人则会通过简单粗暴的方式达成可能的阶层跨越，例如，幻想通过购买彩票发家致富。由于很多不可控的原因，努力虽然可能会达到目标，但也仅仅停留在"可能"的阶段。加上人类基因中惰性的强大，有时候甚至努力也仅限于口头表达。严格来说，我们很难和惰性抗争，人类在进化的过程中正是因为存在惰性，才得以发展到现在称霸世界的样子，当然也同时因为惰性，人们出现了太多的决策偏差。而干预理论，实际上的核心就是合理地利用人们的决策偏差。

在惰性条件下，人们急功近利，甚至不劳而获的思维可能会大幅度增加。人们当然希望有良好的社会阶层，因为这样就会有良好的自我呈现。那么在这种情况下，一些策划者通过一些不让参与者"太费劲"就能获得良好呈现的手段，刺激人们更大规模地传播信息，以达到信息的更多曝光和流量增长。

某些权威平台了解人们真正的资产情况，因此他们更有办法帮助人们对外呈现自己的资源充盈程度。例如，某电商平台在年终做了一份"年度回忆录"，用户只需要授权，就可以将全年的消费记录总结成为动画，并可以将其发布到社交媒体中。一些总消费较高，或者在娱乐和大额支出方面有突出表现的，并且具有呈现自我财富能力的人非常愿意将这些信息上传到社交媒体，以炫耀自己的消费。一些人虽然不愿意将这些隐私数据公之于众，但他们却很愿意同样也打开这些被分享的链接后，看看自己的消费配额比例、消费层次和区域排名等信息。这使得电商平台在某种程度上又一次获得了海量用户的关注。再例如，一些航空公司会在年末生成单独用户的飞行记录，这些记录会从另外一个角度呈现数据所有人的资源状况；一些旅游网站会把用户的旅行数据做分析和对比，以凸显他们忙碌和勤奋的对外形象……所有这些，都从某种角度在干预人们分享资源充裕度的欲望。

除了对于金钱和物质的呈现之外，追求健康和积极的态度是人类又一种由远古遗传而来，深深刻在基因中的行为。健康和积极的态度能够使人产生更强的保护能力和生存能力，更能给人以安全感。直到现在，一位女性要寻找她的终身伴侣时，还会将健康和积极的态度放到和资源持有度同等重要，甚至更加重要的位置。人们会时刻关注自己的健康状况，如果发现自己的身体出现了问题，那么他们可能会在去看医生的同时，通过健身来解决问题。

展现自己的健康、强壮和积极的态度甚至不仅仅是人类独有的行为。一些动物为了获得领地、配偶，也会向竞争者和雌性动物"秀肌肉"。甚至可以笃定地说，无论是人类还是动物，只要真正地拥有健康的身体和积极的态度，那么他能获得的社会资源就会更加丰富。

许多干预策略聪明地利用了人们的这一特点。一些健身类App耗费了很多精力去图形化用户产生的健身数据。例如，一家以通过手机和智能穿戴设备来帮助用户制定跑步训练计划的App专门成立了数据图形化部门，通过建立各种炫目的数据展现方式，让人们从数据中获得更高的满足感。当某个运动的记录被自己打破，人们更愿意将这些记录分享给别人，以展示自己傲人的一面。一些马拉松大赛中，总会有商业摄影机构的上百位摄影师蹲守在马路边，为每一位跑者留下比赛的画面。比赛结束后，参赛者可以通过赛会的官方网站，或者摄影机构的官方网站通过人脸验证等各种形式来找到自己的参赛照片。这些照片都是付费的，有些还价格不菲，但人们依然愿意花钱买下这些照片，并将其发布到自己的社交媒体，以展现自己健康和积极的态度。

此外，一些图书销售商也会通过类似的营销方式去获得更大的品牌知名度。他们将用户的购书、借书记录在某个时间段整理成便于传播的H5页面，告诉人们他们在过去的一年中阅读了多少书籍，包含了多少字，甚至包含了多少知识点。除此之外，他们还对人们的阅读记录进行排名，告诉他们其阅读的时长已经超过了全国多少人，或者居于国内的什么水平。所有这些，都是刺激人们向外分享其积极态度的行为。

人们对阅读、运动、良好的价值观等都具有正向的态度，并更努力地追逐。人们希望他们追求的这些东西被别人所知觉，因为只有这样，他们才能获得别人更加良好的评价。为获得更多的社会资源和社会接纳度，人们想尽办法向别人展示自己积极的态度，每当遇到能够展现这些正面形象的病毒式营销时，他们都更有可能主动地参与。

## 第二节 干预人们感知到归属感

如果你在国内，你可能很难感知到自己的国籍，因为在你身边都是和你同样国籍的人。但如果有一天你来到国外旅游，人潮中惊鸿一瞥，竟发现熟悉的国旗就在不远处，那一瞬间你最有可能做出的事就是凑到前面，看看那面旗帜下的人，并兴奋地与他们攀谈，这就是归属感。

人是社会性动物，因此会积极地寻求在社会和群体当中的价值及地位。而有些信息恰好能帮助他们更加靠近他们期待获得接纳的团体。例如，一位新入职的年轻员工总是希望能快速地融入到这个团体中，他们会更努力地工作，以期望得到上司的赏识和同事的认可，也会在炎热的下午请同在一个办公室的同事喝冰制的咖啡。同样，这种寻求群体接纳的心理也会展现在他们传播的信息上，例如他们会更加积极主动地转发所属行业的新闻，也会发布更多的内容来证明自己隶属于某个群体。

当两个群体发生竞争时，这种寻求归属感的行为更加突出。在两支不同球队的冠军争夺战上，人们穿着自己支持球队的队服，在球队获得领先时大声呐喊，甚至有些年轻人还会将喜爱的球队徽章纹在自己身上。无论球队胜负，他们都会把在比赛现场拍到的照片发布到社交媒体上，以证明自己是球队的忠实拥趸。而在国家与国家的贸易战当中，人们甚至更多地

购买国产的商品，以证明自己对国家的支持。所有这些行为，都在证明人们在寻求归属感上可以付出巨大的代价和努力。

在信息传播当中，能够产生强烈群体属性的内容总是会获得较好的传播效果。那些带有明显归属标签的内容往往会激发起人们强烈的群体认同感。人们通过传播这些消息来证明自己的所属，也通过传播这些信息让自己更加坚定自己的群体位置。一所常青藤大学的心理学教授做了这样一个实验：他随机从学生中抽取了二十个人，并将他们分成两组，一起完成一次为期一周的户外拓展活动。在活动开始之后，两个群体的人都开始通过设计旗帜、标识和统一口号等行为来界定两个群体的不同。而群体中的几乎所有人都在发布社交媒体信息时，通过赞扬群体成员、拍摄旗帜照片等强调自己隶属于哪一个团队。可是在活动开始之前，这些人还都是互相不认识的。这就证明：只要人们感知到自己属于某一个群体，他们就会想出更多的办法来证明自己在这个群体中的地位。

人们追求归属感可以分为两种类型，一种是更大集体的归属感，例如爱国、热爱自己的行业等。另外一种是小规模的，包括追求家庭的归属感和朋友、爱人以及其他亲密人物之间的归属感。

## ▌ 干预人们感知到集体归属感

在全球几乎所有国家的国庆日，都会有非常多的人携带国旗在公开场合出现。有时他们甚至会给怀抱中的婴儿贴上国旗——尽管他们还没有任何关于国家的意识。人们通过各种形式来表达自己的爱国之情，尤其在集体主义国家，如果有人特立独行地发表了对国家的怀疑，那么他很有可能会陷入众矢之的，成为人们漠视，甚至攻击的对象。

人类对群体的依恋甚至在人类的祖先还没有完全从树上下来时就有。作为体态和攻击力并不强大的物种之一，人类的进化史充满坎坷。人们不但要和其他动物争抢资源有限的食物，还要随时防止凶猛的天敌索取性命。在这种极为艰苦的情况下，人类选择了择群而居。如此一来，人们可以在获取食物时分工合作，可以在迁徙途中和休息时轮流放哨，甚至可以共同努力杀死比他们强大无数倍的动物，以增加自己的营养摄入。所有这些群居带来的优势都让人们开始更加依赖于群体，并尽力让群体不放弃自己。

能够促使群体不放弃自己的方式有很多，但最简单，也是最常见的一种方式就是表达自己的忠诚。世界上很多文化背景下的组织都会有不同的加入程序。这些程序中一个非常重要的环节就是宣誓对组织的忠诚。例如，一个外国人要加入美国国籍，那么他在入籍仪式上首先要做的就是宣誓自己对美利坚合众国的忠诚。这种充满仪式感的活动我们称之为有形的追求群体接纳。事实上，很多情况下人们是在不经意之间，通过各种行为来呈现自己对群体的忠诚。例如，当我们看到某位国家队的运动员在奥运会上创历史地获得了金牌，我们就会通过在社交媒体转发、点赞、评论相关新闻来表达我们对集体的自豪；当特定行业的某人完成了一项非常惊人的创举，该行业的从业者也会激动地转发相关的新闻，并不吝溢美之词。

策划者经常会借助人们追求群体归属的心理策划出让人们激情澎湃的营销方案。中国的某个运动鞋品牌虽然早已成名，但近些年在进口品牌的不断挤压下，生存环境越来越恶劣。无奈之下，该品牌的总裁在社交媒体发布了一段视频，希望人们能支持民族品牌，能让这家有着社会责任感的企业继续生存下去。视频中，总裁多次提到了"国货""原创"等关键词，也毫不掩饰地公开了企业遭遇的困境。很快，这段视频在网上被大量地转发，并引起了火热的讨论。人们知道自己必须得为自己群体的这家企业做些什么，他们有的帮助企业传播这段视频，有的干脆跑到该品牌的线下门店购物。一时间，该品牌所有门店的商品被抢购一空，企业成功渡过了难关。而这次事件从某种程度来说，是一次无比成功的、借助人们追求归属感的干预策略。

一般情况下，基于集体归属感的营销活动并非单独出现，它们一般会伴随着重要的事件或者时间段同时出现。

例如，国庆日时人们的爱国情怀会更加浓烈，重要的节假日人们会更加思念家乡。周边环境的影响总是让人产生或多或少的情绪波动，而良好的干预总会通过一些手段来放大这种情绪波动。

## 满足人们的小群体归属感

早在移动互联网还没有那么广泛的使用基础时，通信运营商就已经借助场景和氛围来放大人们的集体归属感。

还记得那些节日期间的问候短信吗？那可是当年通信运营商最赚钱的业务之一。为了让人们在特定的时间表达自己对于小群体的惦念，运营商还专门邀请了"短信作家"来撰写能帮助人们表达情感的文本。这些文本在海量人群的传播下帮助运营商赚得钵满盆满。

这是运营商对人们群体思维的一次典型干预操作。试想多年前的某个除夕，你收到了某人群发的祝福短信，尽管你和此人并没有特别多的联系，但在那个场景下，似乎再找一条祝福短信回复给他是最基本的礼貌。

小群体归属感可能会是家庭、公司、小团队，甚至有可能是对某一个人的依附和归属，例如夫妻之间的依恋，对于父母的依恋等。而对于类似夫妻、父母之间的归属感我们用更加简洁的词来形容它——爱。

爱是这个世界上最美好的事物。因为有了爱，人们才会更加坚强和勇毅；因为有了爱，人们会正视自己的责任和义务；因为有了爱，人与人之间的相处变得柔和，且多了更多的利他和互惠；甚至因为有了爱，激烈的战争都有可能暂停，甚至消除。

一部来自于中国台湾的广告片在母亲节当日蔓延全网，甚至一些非该公司的目标用户和服务区域内的用户都纷纷转发。

一位中国台湾地区的老妇人，带着简单的行李包，历经几十个小时前往一个她从未踏足、充满陌生的国家。更让人意外的是，这位独自一人踏上旅途的老妇人在这之前从未离开过自己的家乡，而首次出行就面临着远渡重洋。

她一路艰辛，在机场的卫生间洗漱喝水，在候机厅的长椅上休息。无论到任何地方，她都紧紧地怀抱着一个破旧的书包，从不放开。在到达某国转机时，机场安保人员发现了她的异常行为，并奋力抢夺她的包要求检查。语言不通的老妇人拼命守护那个书包，哪怕被人拖在地上也绝不放手。

此时，一位华裔警察冲上前来阻止了他那些傲慢的同事，简单沟通之后才知道：这位老妇人的女儿即将生产，而怀里的书包里装的是给女儿炖补品的中药材。数万千米的距离，百小时的颠簸，她的坚定只为她此行的目标：她的女儿。

这段视频让无数人潸然泪下，共情使男性和女性都备受感动。他们已经不在乎广告是否对自己有用，他们只看到了这个世界上最伟大，也最平凡的爱。

人们会对自己所爱的人示爱，他们会在各种节日送给父母亲礼物，会在妻子生日时送给她玫瑰，会在结婚纪念日和妻子共进晚餐，会不时地和朋友碰面、聚餐。所有这些行为，都是人们需要和他们认为重要的人保持紧密的联系的方式。

和大集体归属感一样，人们也会在小群体中寻求归属感，而且很多时候人们追求小群体接纳的愿望更加强烈，也正因为如此，这个世界上才会有"礼品店"这种商业模式存货的机会。

人们对于小群体的归属感只需要微弱的提醒就能有感知，并进行下一步的行为。甚至有些时候，如果人们感觉到某个自己重视的人有那么一段时间没有和自己保持联系，那么他们就很有可能做点什么以消除内心的不安。

一些营销策划者会找准一些特别的日子，通过特别的方法让人们感知到对小群体的需求。

在父亲节当天，一家病毒式营销机构策划了一项"节日特别传播"活动：人们可以通过上传和父亲的合影，生成一小段短视频，并且在短视频的最后写上对父亲说的话。这段信息被发布到社交媒体后，其他的信息接收者可以通过信息页面上的"参与"按钮生成属于自己的父亲节界面。该信息在发布的五个小时内，使用总人数就超过了百万，直接导致了该机构服务器的宕机。

还有一家提供电子贺卡的机构也采用了类似的方式：在每一个节日，他们都会设计数量庞大的信息模板，允许人们通过简单的设置和上传，生成属于自己的个性化卡片。这些卡片可以通过即时通信软件、社交媒体，甚至手机短信和电子邮件传播给人们认为重要的人。由于这些电子贺卡的模板本身就已经具备很强的激发人们共情的能力，因此人们经过简单的定制后，其呈现更显得真诚。

接收者看到这些电子贺卡后，除了表达对发送者的感谢外，还精心地制作了新的卡片又发送给他们认为重要的人。如此循环，这家电子贺卡公司通过售卖付费模板获得了丰厚的利润。

事实上，人们对于小群体的依恋和重视程度在许多时候高于对大群体的依恋程度。只有当人们对小群体不存在接纳危机和风险时，对大群体的依恋才可能更多。因此很多病毒式营销中，策划者总会先关注小群体的接纳感，然后才延伸到对大群体的热爱。

基于此，假如我们现在要为一部赞扬国家强大的电影做宣传，那么突出平凡人身边发生的事，和感知到信息接收者所在小群体的幸福感提升，更能让他们感知到"大爱"。

## 第三节　干预人们逐利的欲望

在人类的血液中，自私和贪婪像白细胞一样永远不停地在周身流动。人们通过学习、积累经验和认识世界的真相来和它们不断地抗争，这也就导致了人们表现出贪欲的程度不同：有些人更加利他，有些人则视利益为生命。

对于大部分普通人来说，自私和贪婪几乎伴随一生。

也许你会想：人类不是群居性动物吗？如果每一个个体都带有自私基因的话，又怎么可能合群而居呢？伊莲·摩根在其著作《女人的起源》中给出了答案。

我们的祖先的确为了获得更好的生命保障而选择住在一起，但是，住在一起的优势不仅仅是可以抵御更加强大的动物袭击，还有一种可能是，当他们遭遇无法打败的动物而只能选择逃跑时，跑在最后的那一位将会成为拯救整个部落其他人的英雄——因为当猛兽追到那个可怜的人，就会将他变成晚餐，而放弃追逐其他人。因此人人都在拼命地跑，他们只需要跑过最后一名，他们就会获得翻倍的生存机会。

这个推理听上去的确过于残酷，但在世界各地的许多灾难、暴力犯罪案例中我们都曾看到过这种状况：人们会在遭遇生命危险时，将陌生人推

到凶手面前。规避风险和追求利好的基因从原始智人到现代人类，似乎没有发生任何改变。

当然，这并不是绝对的坏事。

经济学鼻祖亚当·斯密曾在其经典著作《国富论》中提到"看不见的手"，是指当人们更多地参与自由贸易时，社会经济就会由于人们追求个体的利益而整体向好。从科学的角度来讲，规避风险和逐利在推动经济整体发展中功不可没。

人们有着追逐更多经济利益、获得更划算的交易等一系列愿望。人们非常渴望用自己有限的资源交换到更多的物资，也更希望自己手中持有更多的资源。于是在这种情况下，"免费"成为了推动互联网席卷全球的重要手段之一。

21世纪初，免费模式成为了各家平台获取用户的不二法宝。人们从网上申请电子信箱，申请免费的试用品，还能免费体验各类大额消费品。几乎所有的免费活动都或多或少地为组织者回报了许多高质量用户。

当然，追逐免费的大军中也包括我在内。如果不是在上大学时申请了免费的个人网页空间，并上传了我人生中第一个个人网站的话，也许我这一生都不会有那么好的机会去接触增长和运营的技术。尽管随着信息的高速发展，人们对鳞次栉比的免费活动已经有了很好的辨别能力和免疫力，但对于真正有价值的免费商品，人们依然会克制不住自己的欲望，千方百计地想要得到它。

本节，我们来讨论人们追求经济利益的两种方式：得到更多钱（或者有价值的资源），以及用更少的钱换更多的东西。

## ▌免费的诱惑

免费模式是这个世界上最成功的商业模式。经营者通过人们对免费的渴求，获得了大量的利益。事实上，虽然免费模式看上去似乎看不到经济收益，但是一旦它形成模式，所带来的利益是通过销售获取利益的许多倍。

　　例如，我们现在能够使用的许多软件开发环境都属于免费的开源代码。虽然开源的弊端是有可能被不法分子发现其中漏洞，并以此形成威胁，但对于绝大部分人来说，免费开源代码具有更多的民间文档，开发便利性和稳定性也极高。

　　但是对于开发环境的所有者来说如何产生利益呢？答案很简单：商业开发的授权就是他们获得源源不断财富的重要方式。

　　有一家提供环境数据免费查询的机构在初期耗费了大量的金钱和资源建立了几千个民间的环境监测站。他们将这些数据公开到大型网站上，方便人们永久免费使用。很快，该数据公司由于数据的准确性和稳定性皆高，获得了大量的免费用户，同时也引起了专业机构和综合性服务平台的关注。这些公司为了能将该公司提供的数据完美地接入到自己的平台中，支付了巨额的商业数据授权费用。这也让该数据公司进入了良性循环：他们提供免费的数据让更多人使用，并引发商业用户的关注；商业用户信赖他们后，开始支付费用获得商业授权；这些授权费用被该数据公司用来建立更多的环境监测站，获得更多、更准确的数据后再免费提供给普通用户使用……很快，该公司的运营产生了飞轮效应———一种能够使公司正向发展的循环式经营效应，并日益发展壮大。

　　一些生产内容的企业也看到了免费模式的价值。一位脱口秀演员从第一次登台表演开始就将其全部演出视频免费分享到视频网站上。为了能获得更多的观众，他甚至在官方网站宣布所有的版权均免费开放，人们可以随意将官方演出视频下载后发布到任何他们想发布的地方。

　　对于依靠门票和版权授权维持生计的演出机构来说，这种行为无异于"自杀"。

　　但对于这位脱口秀演员来说，情况却没有那么糟糕。由于他所产出的内容的确拥有较高的质量，也真正能让人们在高压的生活中笑出声，所以这些被免费发布的视频被传播到了互联网的各个角落。有些视频发布者甚至专门参加他的所有演出，就是为了能第一时间将他们用手机录制的演出视频放到自己的视频账号上，以此来获得更多的关注者。脱口秀演员当然发现了这种情况，但他并不在意，甚至特别安排自己的运营人员不要和这些"盗录者"争夺流量。

这样一来，"盗录者"成为了他最好的传播源，更多人通过这些盗录的视频内容认识了这位脱口秀演员，使他一时间成为了炙手可热的当红明星。很快，各类商业代言、商业演出接踵而至，这位演员获得了比传统演出机构高出数千倍的收益。

在上面的这两个案例中，运营者都非常聪明地了解到了人们对于免费的追求。他们实在太了解人们想要得到什么了：人们不但希望获得免费的东西，还希望这些东西能够发挥出比付费产品更高的价值。

脱口秀演员例子中的"盗录者"，免费地获得了官方授权，并利用这些授权和视频建立了自己的视频账号，从而让他自己获得了更多的粉丝和更多的商业广告转发机会。而对于脱口秀演员的粉丝来说，能够不花钱地在晚饭后开心几十分钟，可比买票去那些"专业"机构看演出更加实惠。这样的一个逻辑让几方都各获其益，所有参与其中的人都共同帮助脱口秀演员在商业的巨轮上扬帆远航。

回到免费模式在病毒式营销中的讨论。

事实上，免费模式在病毒式营销中所发挥的作用非常大。比较常见和直接的，就是一些商家让人们在社交媒体转发自己的广告，并从转发者中选出幸运儿，获得丰厚的奖品。一些社交媒体平台非常清楚这种营销的需求，通过各种方式支持这种传播行为的发生。

例如中国目前最大的公众类社交平台之一——新浪微博就开发出了类似的工具，允许商家发起转发抽奖获得免费奖品的活动。这种方式虽然看上去简单粗暴，但对于许多资源持有不足的人来说，吸引力就如同白矮星一样巨大。

免费模式的强大让许多病毒式营销策划者趋之若鹜，但正因为许多人开始利用人们对免费的追赶而进行信息传播，人们也慢慢地对这种传播出现了免疫力。就像是某种病毒，如果人们对它产生了免疫力，那么它的传播链就会被终止。

在干预技术中，我们需要考虑更多样的方法来让人们对免费的诱惑没有抵抗力，让人们更加信任我们的方案，并更积极地参与它。

## 人们更可能被哪些免费信息干预

越来越多的人越来越多地知道了"世上没有免费的午餐"。

许多时候，策划者满心希望自己的免费方案能让人们趋之若鹜，得到的却是冷眼旁观。人们见过的免费试用太多了，逐渐地开始对免费有了更冷静的思考；而且由于不法者利用免费的陷阱设下许多圈套，致使太多人因此而上当。尤其当媒体几乎每天都在警告人们不要轻易相信和接受馈赠时，人们更多地放大了因为一次免费活动而遭受骗局的概率。

那么，我们如何提升人们对免费活动的信任程度？

第一，人们会考量信息的来源。

是谁发布了一次免费的活动？是一家富有盛誉的知名公司，还是一个名不见经传的小品牌、小公司？信息传播的渠道是官方认证的媒体，还是一个粉丝只有几十人的社交媒体账号？这些人是怎么说他们的信息的，夸大其词还是循循善诱？这些信息又有哪些专业背景……所有这些，都是人们判断一条信息是否可靠的必要条件。

有一家提供专业护理人员上门服务的在线医疗机构希望通过免费体验的模式，促使人们了解他们，并和他们签订长期的合约。他们的策划师费尽心机地将一些免费的项目和折扣项目放在信息页面上，并承诺只要帮助他们将这条信息转发到社交媒体，转发者就能获得一次免费的上门体检服务。

可惜，信息被发布到网上之后，转发的人就只有他们公司的内部员工和少数几个员工的亲友，其他人似乎对这样丰厚的礼品视而不见。策划者百思不得其解，到底是什么让人们拒绝了这样的美意？

答案很简单：信任。

上门医疗服务是一种面对面的行为，人们根本不想一个自己并不了解的陌生人只身来到家里，并近距离接触自己的身体。他们审视了信息本身和发布者，发现无论是传播渠道还是信息源头都是他们所不了解、不熟悉的元素。在这种情况下，人们会对信息的可信度变得更加敏感。

事实上，就算是其他简单的小礼品——至少不会让人们直接产生损失的免费转发活动都可能让人们谨慎考虑。

例如有一天，我的一位老朋友希望我帮他转发一条抽奖扫地机器人的信息。我非常不想做这件事，但碍于情面，我又做不到直接拒绝他。好在社交媒体的分组信息帮到了我：我把这位老同学单独分到了一个组，且发布的内容只有他可见，然后才放心大胆地将这条信息转发到了我的朋友圈。

之所以这样做，是我看不到这个活动页面中有哪些因素能够让我信任：它的网址是一个并不知名的二级网址，信息本身也缺乏联系方式和发布者信息，我根本不知道我如果公开传播这条信息，会不会让我的关注者上当受骗，毕竟在他们的眼中我是可信的，他们也许会因为我个人的因素而更多地传播这条信息。一旦最终没有抽奖，我可能会承受他们的抱怨；而一旦这条信息是个骗局，那么我更会受到良心的谴责。

再退一步说：我的朋友们都知道我的行业和我个人的状况，如果我冒冒失失地发布一条为了获取一台扫地机器人的垃圾信息，我的自我呈现可能会受损。综合这些情况，我并不会发布这条消息。

但如果这条消息是一家知名品牌或者权威机构所发布的，那么情况就会变得不一样。首先传播者会因为权威机构的背景而信任信息内容；其次，高可信背景的机构信息可能会在某种程度上淡化人们在转发时出现的贪婪自我呈现。

如果有一天苹果公司发布了一个转发抽奖活动——参与活动就可能获

得一块iWatch，那么我就有可能尝试转发这条信息。因为对我来说它的可信度足够，而且诱惑也足够。

第二，人们会考量免费的所得。

免费活动是不是人们真正想要的东西？或者说人们是否会因为免费活动而付出一些代价。很多时候，人们是不会相信过于简单的免费活动的，因为那看上去似乎像是一场骗局。而且有些时候人们会在转发的同时考量这次自己转发的东西会不会影响到自我呈现和别人对我的评价，如果是的话，那么传播链条就会中断。

作为一个非常注重自我印象管理的人，可能不会轻易转发某些抽奖活动的信息页面，因为这会让他看上去显得贪得无厌，或者鼠目寸光。尤其是对一些商务人士来说，他们对于自己发布在社交媒体上的内容几乎达到了苛刻的地步。

基于此，人们会考虑发布信息之后自己的所得，如果所得的利好大于自己的损失，那么就有可能产生传播，反之则不会。

此外，注重印象管理的人可能会对"发布信息获得某个免费商品"产生抵触——除非是他们认为这次转发能为自己的对外呈现加分，否则他们会对这些信息不屑一顾。但是对于更加希望获得免费商品的人来说，他们非常愿意为获得它们而付出形象损失的代价，对于他们来说：他们并不在意，或者他们身边的人并不会因为他们转发了信息而造成形象受损。

甚至还有一种可能，他们转发的这些消息会在他们的社交媒体当中广受欢迎。

例如一位勤俭持家的妇人可能会因为一台吸尘器而不遗余力地请社交媒体中的好友为她的信息点赞，甚至要求他们转发这条信息。这并不代表他们完全不注意形象，而是他们所在意的印象管理并不在转发信息这件事上。

基于此，我们需要了解不同类型的人们希望从主动传播信息中获得什么，并因此在基于免费策略的病毒式营销中找到更加准确的目标用户。

## ■ 谁有可能被免费策略干预

当一个地区的整体经济水平较差，人们的平均生活水平较低时，人们就会对免费的商品投入更多的关注。尤其对于生活必需品，他们会有更强烈的渴求。

例如我们刚才提到的希望获得吸尘器的妇人。

她可能每天都在忙于操劳家务，此外还要想办法节省更多的钱以做他用——例如她还要多省下一些钱为了孩子的课外辅导班支付高昂的学费。此外，如果她的社交媒体中没有更多她所关注的，认为必须要给对方留下良好印象的人，那么这种逐利的情绪会更加高涨。

一般来说，身处经济水平较低的环境中的人，以及缺乏互联网长期浸入经验的用户，都更有可能参与"转发抽奖"的活动。

刚才我们所提到的我的那位老朋友就属于此列：我们虽然认识很早，但是他一直属于没有太多存款的那一类人，而他微薄的薪水又让他没有更多追求印象管理的欲望，与此同时，他并没有太多的互联网活动经验，所以他就很愿意为了给妻子一台扫地机器人而在社交媒体中到处请求别人帮他转发和点赞。

如果一些免费商品或者内容在他们转发之前就被他们使用，且让他们获得了良好的评价和感知，那么他们也会有动力将其分享到自己的社交媒体当中，分享给更多的人去使用。

出现这种状况是因为他们虽然也属于可以为了一台扫地机器人而转发信息的人群，但这并不等于他们不在乎自己的对外形象。他们希望将给自己良好体验的商品或者信息分享给更多人。

那位脱口秀演员的传播案例中，传播者就是这一类的人。他们因为看到了让他们开怀大笑的免费演出，因此将它们分享到自己的社交媒体，希望让更多人看到，以提升自己在朋友眼中的社会价值。而正因为在正常的经济社会中这一类更加逐利的传播者人数更多，因此这位脱口秀演员也就有了更多的传播媒介。

## 更在乎形象的人会如何传播信息

如果一个人的社交媒体关注者列表中都是他认为重要的人，例如客户、心爱的女人等，他们就会对自己发布的内容更加审慎。对于这一类用户来说，他们可能很少会转发一些不符合自己标签的内容。

例如一位在别人看来生活不错的销售人员，可能很少会在朋友圈中发布一条请求大家点赞而获得扫地机器人的内容，这样看上去真的很没面子。

在我的工作过程中，我会建议一些希望使用干预技术扩大品牌影响力的厂商更少地使用它们内部的员工来进行信息转发，因为这会让信息的受众产生一种错觉：这家公司已经到了黔驴技穷的地步，他们的员工已经开始全员销售自家产品。

更讨巧的方法如同安利，销售业绩优秀的销售员从来不会每天只发自己的商品，而是通过各种方式来提高自己在人们心中的社会地位。

对于更加注重印象管理的传播者，我们需要提供给他能够提升自己正向对外标签的信息，才有可能形成良好的传播效果。

例如，一家提供在线教育的平台为了提高学员努力、好学的自我呈现绞尽脑汁。他们允许任何用户在他们的平台的任何一门课程中免费试听五节课，根据学员的喜好，他们可以自行选择这五节课听哪一章节，并且在听完之后，平台会生成这一节课的核心内容图片。这些内容一般都言简意赅，且一语中的。此时，人们转发这些信息就不仅仅是为了获得免费的课程，更重要是由于核心内容卡片上的知识更加有用和"高深"，而获得更多的印象加分。

当然，并不是说这些注重印象管理的人不会对转发免费获得商品的信息感兴趣。只要信息内容合理，且商品本身符合他们印象管理的需求，那么也有可能获得很好的传播效果。

例如一次人工智能大会为了让更多人来参与，特别放出了一批免费的门票。由于这次会议是行业内规格较高的一次盛会，所以人们对于门票的需求度是非常高的。一些不愿意支付昂贵票价的人通过选择转发信息来获得抽奖的机会。主办方要求：只要人们填写自己的信息，并将之后获得的个人页面分享到朋友圈，就能够获得抽奖机会。由于会议本身具有极强的知名度，人们非常了解参加会议能够给自己的行业属性加分，所以一些非常爱惜自己形象羽翼的人也开始积极地转发信息。最终，会议获得了巨大的成功。

更成功的是，一些人虽然因为更强烈的印象管理意愿没有传播信息，但他们大量地看到了别人转发的信息，直接通过购买获得了门票。

## 第四节　刺激人们出现共情

还记得那个中国台湾老妇人的案例吗？因为她对女儿无私且勇敢的爱，那段视频得到了数以千万计的曝光和传播。许多信息在进行传播时，如果能够成功激发起人们的共情，那么它们就能获得更加广泛的传播。

共情是一种感受他人的能力。一些优秀的艺术创作者总能精准地把握人们的内心活动，并让自己的作品充分引发人们的共情。甚至可以说，一位优秀的艺术家就是一位心理学操控大师，他懂得在什么时候让人们开怀大笑，什么时候让人们感动落泪。

但人类是有思维的动物，他们对隔靴搔痒、故意做作的内容不但不会产生共情，甚至会产生反感。

有一次，我和妻子一起在家看一部电影，我承认那是我过得最尴尬的一个周末。我和她准备了一些零食和果酒，并且选了一部名字看上去很吸引人的电影。但很快我就后悔了：电影经过了无聊且平淡的二十分钟剧情铺垫后，忽然莫名其妙地响起了忧伤的背景音乐，男女主角莫名其妙地拥

抱流泪，身边的一只不知是导演特意安排，还是偶然闯入片场的小狗看了一眼莫名其妙的他们，莫名其妙地叹了一口气。总之，我和我的妻子都没有搞清楚导演到底想要表达什么。

事实上，优秀的共情内容能够达到非常好的传播效果，老妇人跨越重洋去为女儿煲汤的广告就是一个例子。此外，促使人们产生共情的内容都具有一些共同的特征，例如，它们都突出了某个特定的个例，而不是群体；都能找到和自己类似的一致性；也都在特别的时刻发布内容，借助场景的影响顺势而为。

## ◾ 让人们关注生动的个例

每当灾难来袭，人们对于媒体报道的伤亡人数虽然会有很大的震动，且会虔诚地为那些难民祈福，但人们难过的程度和维持时间并不会在高位停留很久。随着媒体报道的数量增多，人们慢慢会出现情感免疫，并对报道的事件逐渐冷淡。

这听上去虽然残酷，却是经过大量的调查和统计得出的结论。媒体似乎也发现了这样的问题，为了能够唤起更多人的关注和对难民的帮助，他们往往会减少宏观的视角，转而把镜头投向普通的受灾者，让那些隶属于个体的、生动鲜活的例子呈现在人们面前。

这样的做法往往会收获非常好的效果，并且我们在日常的信息传播中也总会发现这样的例子：能够引发热烈讨论的，往往是活生生的人和事，而不是冰冷的数字。

人们从故事中理解世界，所以对故事的理解能力就远远高于枯燥的理论。例如，人们会更对一本案例生动的科普书感兴趣，并在大量的讨论下让它成为热门畅销图书；而对于一本技术类书籍，人们则不会那么感兴趣，至少大部分人不会那么感兴趣。

出现这种状况的原因还是人们懒惰的思维方式。人们对简单信息的理解和记忆程度要远远高于生涩复杂的信息，因为简单的信息更容易让人们找到他们的归类，然后在未来需要他们时更容易地将其提取出来。

在这里，我们需要简单了解人类到底是如何理解和记住一件事的。

事实上，虽然人类大脑的存储能力惊人，但绝大部分的信息是需要线索才可以被回忆起来。人们存储记忆的方式和搜索引擎收录网页的方式非常类似：搜索引擎凭借覆盖全网的爬虫程序发现海量的新内容，当它发现有一条新的信息时，首先会对内容进行分析，了解这条信息主要阐述什么内容，主要的核心关键点是什么。

接下来，它会把这条信息本身和自动生成的信息描述、关键词共同存储到数据库中。当人们出现需求，搜索了某个问题时，搜索引擎又会对用户的问题进行分析，然后提炼出问题描述和关键词。如果刚才存储在数据库中的那一条信息恰好和用户需要寻找的问题具有一致性，那么搜索引擎就会把这条信息展现出来。用户需求和信息之间的相关度越高，在搜索引擎中的排名也就越高。

人类大脑记忆信息的方式也如出一辙，人们会在感知到某个事物之后以一种精简评价的方式将其存储到大脑里，等到下一次再遇到类似的信息时，就可以从海量的记忆中将它检索出来。

例如，你在一家酒店闻到了一种非常喜欢的清洁剂味道，你注意到了它，并且记住了它。之后在你进行和这个味道无关的事情时，你可能不会想到那个味道，除非是你闻到了其他的味道，或者你恰好又一次闻到那个清洁剂的味道，那么你就会想起它，并因此想到了这家酒店。一些廉价商务酒店大堂中清洁剂的味道往往和某个五星级酒店的味道相似，就是这个道理。

因此，我们如果希望用户记住某条信息，首先就要给人们一个明确的线索，帮助人们对信息进行分类记忆。恰好，简单、易懂、生动的信息正好具备这样的能力。

对于能够引发共情的内容也是一样，人们更容易从简单、易懂的内容中理解信息的意义，而只有理解后，才有可能出现情绪的共鸣。

例如，如果我们看到一篇文章，以宏观的视角评价全球有多少女性在处理家务、照顾孩子的同时还需要完成自己的工作，那么我们可能并不会产生更大的情绪波动。这是由于我们对这样的数据信息虽然能够看懂它的意思，但不能更敏感地出现情绪波动；但如果我们看到的是一篇对几位女士的个人采访报道，我们就会感同身受，或者想起自己母亲的辛苦，由此而形成共情。

此外，生动的故事还能让所讲述的事物更加立体。

以美食视频为例，大部分流行在短视频网站的美食节目似乎都用食品的特写、大快朵颐的人们和油润肿胀的嘴唇作为节目的灵魂。虽然这样的内容可能在短时间内刺激人们的感官，让人们在深夜吞下口水，但希望让这些视频达成疯狂传播，或者让人们留下深刻的记忆，却具有很大的难度。

就像一位观察者所说："单纯的感官刺激只是欲望的简单拉伸、持久乏力。"而优秀的美食节目一般都会附着在文化之上，突出制作和享用美食的人，述说美食背后的故事。安东尼·博尔顿的《未知之旅》火遍全球，正是因为他所创作的内容并非简单的美食介绍，而是通过更鲜活的人物和故事，真正凸显绚烂的饮食文化。

简而言之就是，人的大脑对于具体到某个特定的人或者某个特定的事物的理解能力，远远高于数据统计分析等更宏观内容的理解能力。你会发现，在那些被广泛传播的信息中，有具体事物和鲜明人物、生动故事的内容更容易达成病毒式传播的效果。

## ▍怎样才能让内容感同身受

当信息完成了被人们理解的阶段，就需要进入促使内容让人们动容，让人们的情绪出现波动的阶段。

怎样的内容会导致这样的结果？答案很简单：一致性。

当故事里的情景、内容、主人公和自己有相似性和一致性时，人们就会很容易想到自己的经历，并为自己而感动。

需要达成一致性，首先需要有合理的内容情节。

电影《忠犬八公》的中国版一开始，女主人公走出索道站的大门，看到了一只苍老的狗一下子就流出了眼泪。这是因为没有任何铺垫，所以人们并不知道她为什么会哭。但好在人们知道这是一部倒序的电影，泪水变成了悬念，吸引观众继续在情节中寻找答案。当然，编剧和导演，以及那条叫做"八筒"的狗并没有让人们失望，随着剧情的层层推进，人们似乎也喜欢上了那条狗，更赞叹于它的忠诚。于是在电影结尾，当它带着主人回到原来的老房子，最终安然死去时，观众的情绪达到顶点，他们用泪水给了这部电影如潮的好评。

我在本节开始提到的我和妻子看到的那部让人莫名其妙的电影就没有这种合理的内容情节。

人们很清楚：任何情绪都不会莫名其妙地出现，任何事也都有其发生的过程。人们因为环境而改变了态度和行为，只有这些成长的过程和真实的性格成长过程有一致性，共情才有可能出现。

干预人们出现共情的感知，情节的合理更加关键。在策划者希望内容达到广泛传播的情况下，如果情节合理性不能得到大多数人的认可，那么传播链就有可能中断。

此外，能够让人们产生共情的内容一般都具有普世的特点，也就是说，故事内容可能发生在你、我、他，以及大部分人身上。

普世的情感有很多，例如母爱父爱、对孩子的爱、对家乡的爱、对某个群体的爱等，也包括善意、利他、互惠等情感。这些情感由于具有更多的用户基础，因此也有可能获得更多的传播媒介。

越是一致性高的情感类别，越能够产生广泛的共鸣。

例如，这个世界上的大部分人对母爱有最深刻的体会：她十月怀胎一朝分娩，无视一切困难，只要看到你健康、平安和开心，她就会感受到最大的幸福。很多人对于母爱有着非常强烈的感受，一旦提到母亲，再坚强的人都会软弱下来。也正因如此，许多病毒式营销机构都尝试使用母爱来作为内容，促使人们更多地传播信息。

此外，对于具有相同属性的人来说，对于一致性事物的共同回忆也会引发共情。例如怀旧的视频内容总会引发共鸣，并由此引起流量增长。

人们普遍存在的一致性包括喜怒哀乐爱等情感、家乡、共同的群体和组织、爱好、朋友和家人等。越具有广泛群体，就越有更多潜在的传播载体。因此如果希望有一次成功的病毒式营销策划，那么千万不要将受众稀少、特立独行的观点展现出来，那样很可能会让你的信息石沉大海。

另外一种能够达成共情的因素是可以充分感受和理解他人的感受，尽管他并没有经历过他人的经历。我们将这种状态简单地称为"感同身受"。

一些讲故事的人非常明白如何能使自己的故事引人入胜，能让听众为之动容。他们巧妙地通过铺垫一步步地递进故事，让人们一点点进入到故事主人公的世界当中。当故事高潮来临，听众的情绪和主人公的情绪达成了一致，他们随着主人公的开心而开心，伤心而伤心。

感同身受可能在很多种情况下出现，本部分讨论其中常见的两种：当内容本身和受众自身的经历有相似点和共同点时，以及当人们被激活了某种情绪时。

基于相似点和共同点的感同身受是出现频次较高的一种。电影《何以为家》描述了一位在战争中失去了家人的小男孩如何经历千难万险将更加年幼的弟弟送到了安全的地方。这部电影在全球范围内广受赞誉，甚至被翻译成了多种语言在多个国家公映。人们惊叹于小男孩所出现的和他年龄不符的智慧，更为他没有因年幼而稚嫩的勇气而感动。人们在观看电影时，内心中不由自主地和自己身边幸福的小朋友，甚至和自己还在吵闹着要玩具的儿女做类比，并从比较中感受到了巨大的差异，因此也就被激活了感动的情绪。

人们会不由自主地将感知到的线索和自己已经熟悉的记忆做对比，方便将信息进行处理和记忆。这在我们讨论人们的记忆原理时曾经提到过。而在这部电影中，人们在接收小男孩努力保护弟弟的情节的同时，也将这些线索和自己身边的孩子幸福的场景做对比，并进行处理和存储。在信息处理的同时，人们出现了情绪触动，并出现了感同身受。

另外一种状况是人们被激活了某种情绪。我曾在某个夏天带我妻子去看了一场国家队的足球赛。在那场比赛中，中国队以6：0的比分战胜了对手，全场四万多人爆发出一浪高过一浪的欢呼，我甚至因为连续嘶吼声带受损，整整两个星期说话沙哑。那天我妻子也兴奋异常，每当看到进球，都会兴奋地鼓掌。可是，在这之前她对足球赛根本不感兴趣，而且从未在现场看过球赛。那天几万人的欢呼让她内心产生了程度非常高的从众行为，也因为这种行为，她被比赛感染，变得情绪高涨。她对我说"听到国歌会想哭"，我理解她的情绪，因为我已经先于她泪流满面。这是情绪被激活后所带来的感同身受，球场上的十一人牵动了现场的四万人，人们和球员一样，为进球而欢呼，为胜利而喜悦。

类似的例子在文艺作品中经常出现，一部好的电影总是能让人随着主人公的情绪波动而波动。电影《唐山大地震》中，母亲在多年以后再次看到以为已经故去的女儿，没有高声哭喊，只是很克制地说了一句："西红柿在盆里，已经用凉水冰好了。"此话一出，影院内所有观众儿乎都发出了一声"哇……"，然后拿出纸巾擦眼泪。这种克制的表达，让人们一瞬间感受到了母爱的伟大。时隔几十年，母亲依然没有忘记地震发生前的那一幕，她心里一直都在惦记着她的小女儿。每次我在讲到这个案例时，我依然会内心酸楚，这正是因为创作者恰到好处地让人们因为这一场景，激发起了内心最柔软的部分，并产生了情绪的共鸣。

那么我们现在遇到的问题是：如何激发人们的情绪？

从上述两个案例中，我们可以找到端倪。一种是激活人们的从众心理。假设你看到你的朋友在社交媒体发了一段视频，并评价"太感人了"，那么你在观看时，就会受到你朋友评价的影响，并在内心做好准备去接受感人的情节。

这种情绪激活的启动方法经常被应用在短视频的简介当中，当创作者刻意提到某个情绪点，人们就更容易朝着该情绪点进发。我的妻子因为身边的球迷欢呼而出现了从众心理，情绪也在潜移默化中被声浪所激活，此刻再听到几万人共同歌唱国歌，情绪被打动就成为了顺理成章的事。

另外一种就是基于共同点的利用。

人们了解母爱的伟大，也知道痛失爱子的悲伤，更知道失而复得的喜悦。但这些情绪到底如何表达，人们可能没有见过，也不知道。而母亲站在失散多年的女儿身后所说出的那句关于西红柿的普通一句话，瞬间让人们了解了这些情绪的意义。人们因为有了情绪去迎接答案，而更容易被激活情绪，从而有了感同身受。

在利用共情的病毒式传播内容中，从一开始就让人们做好情绪准备是诱发人们情绪高涨的重要手段之一。人们从一开始就在期待某种答案，当答案揭晓，他们就会将早已准备好的情绪迸发出来。用一句文学创作中的话来说就是：用故事做好情绪铺垫，并在最重要的时刻爆发。

## 场景的刺激和铺垫

我们在前文提到过一些使用共情技术的传播，最好能有良好的场景刺激。例如在母亲节传播关于母亲内容的信息，在父亲节传播关于父亲内容的信息等。并非在其他时候这些特别的信息不能达成更好的效果，而是在这些日子里，人们本身就具有特殊的敏感性。

这种敏感性的来源就是人们的思考线索。

我们曾提到人类记忆某个事物的流程：他们首先会感知，然后分析和分类，最后把它们存放到应有的分类当中。一旦某天有某个信息刺激到他们，那么这条信息就会从记忆深处被提取出来。

共情所使用的场景刺激也是一样，当人们从母亲节的当天早上一睁眼就看到铺天盖地的母亲节信息，自然会将母亲的线索提高到最高的敏感级。如果此时有一条内容感人、角色立体的短视频摆在人们面前，人们很有可能主动将其分享到社交媒体中：一方面，他们希望通过这条催人泪下的内容表达自己真实的情感，另一方面，人们可能会因为希望提高自己的自我呈现而主动将其发布到社交媒体。

你也许经常会在一些特别的日子，例如母亲节、父亲节、情人节、儿童节等看到某些特别类型的电影首映。电影推广者可能并非是为了纪念什么，他们非常清楚地知道在这些特别的日子里，人们会处于怎样的情绪敏感点。

大部分时候，优秀的内容是无须借助场景刺激的。他们很有可能在任何时候都能唤起人们的共情。例如中国台湾老妇人的案例，在发布了很久之后，依然有很多新观众对着它泪目。产生这种状况的因素是因为内容本身具备强大的一致性基础，所以即便不在母亲节当天发布，它也能强烈地冲击人们心灵的柔软一面。但有些内容虽然内容精良，但也需要场景给予人们更多的线索，才有可能产生更大的传播效果。

一个很有说服力的例子是某鲜花平台在教师节所做的一次病毒式营销。他们做了一个参与型的病毒式营销页面，并放置了一段老师真实的一天：其中有严厉，也有默默的帮助。个中的场景让人惊叹："拍摄者是不是我的同班同学？这和我的老师几乎一模一样！"

在视频的下方，策划者提供了一个交互功能，允许人们为自己的老师写下他们对她的回忆和评价，并且将这些评论生成一个H5页面，转赠给老师。如果这份内容在平常的日子里被发布，虽然校友录中的热心同学会在该页面中建立好老师的资料，并发给当年的同班同学填写信息，但也许并不能达到非常好的效果，毕竟不是什么节日，人们也许觉得花时间写这样一份内容给老师，还不如先尽快完成老板交给的任务。但是在教师节当天却不一样，因为有场景的刺激，人们对于这样一份特殊的礼物会显得更加热心。

他们将信息转发给自己的同学，邀请同学填写他们心中对老师的感激之情和评价，同时所有评价过的学生名字都会在列表上出现，随同这份电子礼物一起送给老师。当然，鲜花平台也不会在传播的过程中忘掉自己的本职工作：他们在评价结束后的页面设置了一个非常简单的订单提交按钮，只需要一步操作，就能给老师送上一支真正意义上的康乃馨。

在该案例中，策划者聪明地利用了教师节这一特殊的日子，唤醒了人们对学生时代的美好回忆；其次，他们将学生名单公开给老师和其他同学看，这让人们因为顾忌自我呈现而更主动地参加和传播了信息；与此同时他们又简化了订单流程，让人们可以简单地购买一束鲜花送给老师。换一种思路，如果活动发布的当天不是教师节，那么会产生怎样的效果呢？也许会有一些学生以"不是特殊日子"而更加消极地对待这样一次活动。

利用场景刺激可以更多地让人们对信息本身产生共情。

在一些特殊的日子里，公共媒体和社交媒体就像是人们情绪的助推器，总能让人们一直处于曝光之中。就像是母亲节，即便你之前完全没有想到要给你的妈妈打个电话或者送份礼物，但是马路上的母亲节促销活动广告牌、电视里的母亲节报道，还有社交媒体上大量好友发布的思念妈妈的信息……所有这些，都能让人们对于母亲节的线索感知越来越明显，情绪也会越来越高涨。当他们忽然发现了某个信息恰好能让他们在母亲节做些什么时，他们就更有可能参与和传播这条信息。

## 关于共情的思考

我们在前面的几种形成共情的方式中讨论了许多案例，事实上，产生共情的秘密法宝就是通过各种方式让人们产生情绪的准备，当人们知道可能会有某种情绪爆发，他们就会更加期待会以何种方式爆发。好的共情内容一定是有一段生动的故事和一群鲜活的人物，他们通过肢体语言和对白来展现你可能似曾相识的故事，然后让用户对结局产生期待，并最终用灵活的手段引爆情绪。本节内容参考了电影艺术创作的手段，但对于共情内容的制作者来说，他们能够达到同样，甚至更好的效果。

## 第五节　干预人们感知到来源于权威的力量

权威信息是指人们对其具有充分可信度的机构或者个人所发布的信息。

和许多人所理解的权威信息不一样，被人们所信任的权威除了我们广泛认为的"官方"之外，还有可能是某个普通人。

例如，你从电视新闻上听说明天本地区有可能地震，那么你对于这段信息的信任程度会远远高于自媒体的宣传，甚至有可能因为这段信息而引发恐慌。但如果这句话是你的一位"损友"告诉你的，那你大概率可能不会相信他。

但损友也并非一直都不可信。

例如你的"损友"在计算机配置方面非常在行，那么如果你打算换一台新计算机时，很可能听从他的意见。这就好比有时候人们会选择从育儿专家及身边邻居口中学习育儿知识。对于育儿专家，因为他有很高的知名度，但是对这位邻居来说，仅仅是因为她已经是三个孩子的妈妈。

也就是说，如果人们认为你精于某一行，你就可能成为某一行的权威。当然，如果我们在公共媒体上将这位三个孩子的妈妈推到聚光灯下，让她讲述育儿经验，很可能不会形成很好的流量增长效果，原因仅仅是：除了邻居和亲人，没人认识这位妈妈到底是谁。

人们不会轻易对一个陌生人产生信任，除非这个陌生人是领域内顶尖的专家。

人们对于权威信息的认可很多时候会出现混乱。这十分讽刺。因为人类在很多时候并不理性和冷静，他们很可能会用一些并没有什么关系的周边线索来判断信息的可信度。

如果某条信息来源于当地官方电视台，那么他们就认为该信息有效，而如果一位真正的专家在社交媒体大声呼吁某条真实的信息时，人们却因为不认识他而选择视而不见。在传媒史上发生过许多次因为电视台或者媒体的乌龙事件而让人们坚信不疑的事件，有些甚至迄今为止仍然有人坚信不疑。

例如，迄今为止还有接近17%的美国人相信地球是平的。

权威信息经常会在被动接收型的信息传播中呈现非常好的效果。被动信息是指人们单向接收，不参与的信息。例如别人发布的短视频、文章、音频之类。无论这种权威到底是真是假，只要有人愿意相信它们，那么它们就会被传播到很远的地方。一些广泛散播的谣言就是明显的例子。本节我们就来讨论，人们为什么会相信权威信息，以及人们为什么会传播它们。

## 人们信任某条信息的原因

你有没有在短视频平台看到过类似这样的视频：一位穿着打扮像极了电视台播音员的人，正襟危坐地告诉你一段骇人听闻的"真相"。还有那种：虽然没有主持人，但是开篇的第一句话就是"电视台刚刚报道"，或者"刚刚发出的重大通知"，但是是哪一家电视台？是谁发出的通知？没有人告诉你。

作为一位增长行业的从业者，我当然知道其中的很多信息都是没有依据的，他们仅仅是为了让人们更加信任他们所说的话；但同时我也深刻地知道，这段视频必然会受到广泛的传播，因为这段视频中"官方"的属性注定让人们不假思索地形成恐慌，并将它们传播给更多的人。

我曾见过一场让人匪夷所思的信息传播。制作者通过对国家电视台新闻节目的剪辑和二次配音，借助那位知名主持人的"嘴"，声称某地旅游的游客发现了"神仙"。紧接着，我看到了再没有比那段视频更拙劣的内容：他们把一张从网上下载的画面模糊的"神仙"图像用修图软件裁剪下来，然后生硬地放在了一段天空背景上。让人更加惊讶的是，这段视频竟然已经被传播了几十万次！难道这些传播者都失去了辨别真伪的能力吗？难道他们看不出那段视频明显是作假的吗？甚至主持人的音频的口型都没有统一。

事实上，在传播者中的确存在因为经验和知识匮乏没有分辨能力的人，而且这个数量还不少。但同时，一些人虽然一开始看出这是假的，但因为参与者太多，他们开始质疑自己的判断，最终也加入了传播者的行列。从众心理在这次传播中发挥了巨大的作用，它让人们几乎失去了明辨是非的能力。

从以上的例子，我们可以总结出那些能够让信息增加可信度的因素，分别是借助权威的力量、更加用心的制作和更优秀的表达。

## 借助权威的力量让信任感增加

如果某信息的发布者本身具有权威性，那么其可信度也会随之增高。但在很多时候，尤其是我们从0开始时，我们似乎并没有什么权威。谁会相信一个从未听过的品牌或者人呢？刚才提到的一些短视频创作者模仿电视台主持人发布信息，正是因为缺乏权威度的无奈之举（也有可能是刻意为之的诱骗）。

在很多时候，通过人们主动传播的信息对于新增的大部分信息接收者来说是陌生的。如果一款新产品需要通过信息传播进行品牌的宣传和曝光，在一些特殊情况下的确需要权威力量的加持，人们才有可能更加信任信息本身。

例如，一本书如果希望通过信息传播让更多人知道，那么其作者的背景、出版机构的背景和推荐人都有可能使人们对这本书的信任度加分。如果我在不知道最近打算读什么书时，我社交媒体中我尊敬的行业翘楚和我的老师所推荐的书我可能都会更加关注，并且购买的可能性更大。这就是权威的力量。

在信息传播中，权威有举足轻重的意义。要了解其原因，我们首先需要了解人们对新接收信息的处理方法。

一般情况下，人们面对一条刚刚感知到的信息，会使用两种判断方式对其进行处理，分别为中心路径判断和外周路径判断。

中心路径判断是指，对于人们更加关注的事，或者人们在有时间和空间进行仔细思考时，他们可能会更加具有逻辑性地进行思考和判断，并尽可能多地寻找到支持他们最终决策的论据。

外周路径判断是指，当人们对某件事缺乏知识和经验时，或者缺乏思考的时间和空间时，人们就可能通过事物外周的一些线索做出决策。

有两个人去买车，其中一个人对汽车知识了解甚多，甚至在计划买车之前又在汽车参数网站上做了突击查询和学习，因此他在选择车辆时会综合参考汽车的各类数据、舒适性、操控性等，最终做出相对满意的决策。

另外一个人虽然十分想买一辆车，但是他对汽车的知识和经验却是十分欠缺的。在这种情况下，他可能唯一能够参考的因素只有价格是否在他的预算范围内。一旦在他可以接受的范围之内有很多款车，那么他很有可能只考虑品牌、颜色等一些简单的外周因素而做出决策。

简单来说就是，当人们有能力进行深入思考，而且需要思考的这件事更加重要时，人们就会选择中心路径的思考方式；如果人们没有能力、欠缺经验，即便是有些时候事情很重要（例如买车），那也只好用外周的、更加零碎的线索来做出决定。

在大规模的信息传播当中，许多信息的接收者可能并不具备对信息本身的经验和知识，所以他们在进行信息真实性判断时，很可能会利用外周线索进行判断。

权威就是最有效的外周线索。

借助外界力量有很多方法，其中使用较多的方法莫过于借助权威有效的发布渠道。关于发布渠道的问题会在后面的章节专门讲解，在此只提及一种：一些策划者会将信息的首批发布者选定在拥有诸多关注者和更高可信度的人群当中。

例如一篇讨论宇宙起源科普知识的短视频，发布者会邀请一些在社交媒体中已经拥有大量粉丝的科普作者和相关领域的专家帮助他们发布内容，这样的信息发布渠道对于信息本身有可信度提升的巨大作用。

事实上，提升权威的办法除了信息本身的源头需要有权威背书之外，一些简单的办法也能达成这样的效果：在一些牙膏广告中，总会有身着医生制服的人在实验室里向观众推荐该牙膏的有效性，虽然没有人知道他们到底是不是领域内的专家，但那一身制服却起到了非常有效的作用。此外，专业的信息制作也会在一定程度上提升用户对信息的信任程度。

## 更加用心的制作可能干预人们的关注

随着自媒体的爆发式增长，人们只需要一部可以联网的手机，以及一个能够发布信息的短视频或者社交媒体账号，就可以建立属于自己的信息频道。一开始，人们对于这些信息的信任度是相对较高的，因为人们还没有开始适应"全民媒体"的时代，但人们接触了大量的信息，甚至自己也成为信息制造源之后，人们就逐渐开始有了分辨信息是否可靠的能力。

这就像是人们在学习任何其他知识一样，起初，他们什么都不懂，因此会相信任何人说的一条任何他们没有经验的信息，但是等他们自己学习到了相关的知识，他们就不再将信息发布者视若神明。

如果你现在拿着一个打火机站在街头点燃它，那么关注你的可能只有警察和消防员，但如果你穿越回到石器时代，那你就会变身成为整个部落和族群的"火神"。

　　同样，当人们看到一段在家中通过计算机摄像头或者手机所录制的视频，那么人们可能仅仅会认为你是一个希望获得更多关注者的普通短视频播主，但如果你在小剧场中发表了同样的内容，并且台下坐满了观众，几台摄像机不间断地围绕着你转来转去，那你所发布的这条视频就会凭空增加更多的可信度和权威性。

　　一些熟悉互联网信息的人们已经可以非常准确地分辨简单制作和精良制作之间的差别，甚至可以看出这段视频是手机拍摄还是专业设备拍摄。而对于一些文字内容，他们甚至可以轻松地分辨出哪些内容是作者杜撰的，哪些是引自专业的论文。

　　正因为人们在信息接收方面的经验越来越足，因此良好的、更可信的、更容易引发传播的权威信息需要更加用心的制作，才能在信息的沧海中崭露头角。

　　更加用心的制作也会更容易地让一些利用外周思维判断问题的人们，使用启发式判断来分辨信息的可靠性。

　　什么是启发式判断？这是一个非常有意思的人类认知偏差。

　　人体大脑的质量虽然占整个体重的2%，但它所消耗的能力却占20%。当我坐在计算机前整整一天进行本书的创作时，晚上躺在床上的我就会疲惫不堪。由于这种特性，早期人类会通过各种方式减少思考所损耗的能量，毕竟在茹毛饮血的时代，他们很少能够摄入充足的能量。于是，人们开始通过一种被称为直觉的心理特征来思考和决策大部分的行为，例如当人们听到巨响时，不由自主地会全身一跳，甚至开始做出逃跑的姿势；再例如人们看到陌生人时，往往会有更高的戒备心。所有这些思考方式都是由直觉产生的，而直觉的一种，便是启发式思维。

　　启发式思维有两种：代表性启发式思维和易得性启发式思维。

　　代表性启发式思维是指人们会以某个特征来判断一个事物的分类。例如，当我们看到一位女性具有如下标签时，就会判断她是一位职业女性，而不是全职太太：法律学硕士学位，逻辑性强，思维活跃，理智冷静。而当我们听到某位学生毕业于名校时，我们就会判断他的能力要比一般大学的毕业生更强。代表性启发式思维经常会被一些经营者所使用，例如一些牙膏广告中总会出现某协会认证、某科学院监制等，有时还会有一些穿着白色医生衣服的专家代言，以期引起人们对这款牙膏"更有效"的评价。

易得性启发式思维是指人们会因为某些生动的事物而放大某些事发生的概率。例如当一家航空公司发生空难，媒体用巨大的篇幅进行全方位报道时，人们就可能在一段时间内不选择该航空公司的航班。

两种启发式思维在许多时候都在左右着人们的决策、思维和行为方式。一部电影中男主人公开着一台价格昂贵的轿车进入某个小区，但安保人员完全没有阻拦。于是男主人公打开车窗质问安保人员："开好车的就都是好人吗？"事实上，电影中的安保人员就是由于启发式思维对车主进行了评价，并认为司机可能属于可信的人，于是没有进行阻拦。

如果我坐在我的书房里用摄像头拍摄了关于病毒式营销的课程，而你在根本没听说过我是谁，也没有看过我这本书的情况下，你很可能以为我和短视频平台的一些其他知识传播者一样，没什么可看的。但如果我在一个类似TED的场景下讲课，或者直接站在某高校的讲台上，这种情况就会大不一样。

如果我们需要让用户更加喜欢我们的内容，甚至愿意参与和分享，那我们就必须注重我们推送给用户的内容质量。

尤其是在这个越来越内卷的年代。

在任何时候，当某个商品的数量达到了满溢的程度，那么人们就开始追求商品的质量。这种经济学方面的原理使用在信息传播上也能起到非常好的解释作用。这就是我们经常听到的"高质量发展"。

在短视频数量较少时，一些搞怪的视频播主很容易获得大量的粉丝，尽管他们的拍摄场景更加简陋、内容也仅仅以模仿为主，但一旦短视频数量以每天几千万的数量增长，那么这些视频播主就必须想办法创作出更加精良和用心的制作，才有可能获得更多的用户。

我曾见证过一位视频创作者的成长历程：起初他只是以模仿某明星演员拍摄喜剧小段作为自己的全部内容，但因为当时此类型的视频很少，所以他年少成名。但随着内容的不断增加，人们可选择的范围也越来越大，他也就越来越有了创作压力。现在，他已经很少上传自己创作的视频了，每隔几个月发布的视频，也是电影级别的拍摄和剧本结构，甚至有时候还会有当红明星客串他的节目，他用更高昂的成本和更长时间的创作来满足关注者不断升级的口味。

从这个层面来说，一些信息的传播成本已经越来越大，人们的鉴赏能力和信息识别能力已经越来越高，因此信息的内容也不能像原来一样，仅仅考虑"信息质量"就能促成它的海量传播，尽管这依然是在所有元素中最重要的。

## ■ 更优秀的表达也可能干预人们的关注欲

我曾有幸全程见证了一个短视频平台上，一位电影解说作者从几百个粉丝暴涨到30万粉丝的案例。而且这个数据截至本文结束时依然在涨。

这一切就发生在所有人都痛苦地抱怨流量难得的现在。

在电影解说这个垂直领域中，已经有太多人在参与了。起初，电影解说似乎是最简单的内容制作方式。人们只需要从头到尾把电影好好看一遍，列出其中的叙事结构和关键的情感点，就能完成一部电影解说的任务，正是由于如此简单的操作方式，太多人被引入这个领域。于是，电影解说成为了短视频领域看上去最没什么技术含量，但也最"内卷"的领域之一。

这位解说者在这个时候切入到电影解说领域，在很多人看来他也会像大部分的电影解说创作者一样石沉大海。但让人万万没有想到的是，当他上传到第四个视频时，就迎来了第一波粉丝的暴增。

这一切只因为他优秀的表达能力和文案能力。

电影里一个孩子在画画，在其他电影解说者的口中，只能是"画出了优美的画卷"，但这位解说者却说："信手拈来山水绿，随心唤出鱼鸟情。"

孩子凌晨去山间采风，别人说："他早早地站在了暮色的水边"，但他说："在日月星河之下，与水中之鱼共舞。"

男孩因为舍不得离开自己的老师而难过，别人说："此时的不舍，正是师徒之恩的表现"，但他说："愿许秋风知我意，解我心中意难平。"

而仅仅这一个视频，就让他获得了接近七万的粉丝，视频本身曝光也超过千万。

这就是表达的力量。

一个有更强表达能力的人，相对于一个普通表达能力的人更容易说服他人。而表达能力并不仅仅是说服者面对中心路径思考者具有逻辑思维能力，面对外周路径思考者更加具有情绪渲染能力，另外，他们是否能够表达得更加专业、更加自信，也是说服人们非常重要的因素。

例如我们提到的这位电影解说播主，他用自己的逻辑能力挖透了电影背后想要表达的情感，更用自己的文采感染了那些其实并不在乎电影故事的人们。在他视频下的评论中，甚至有人仅仅是为了积累词汇而关注了他。

我们应该思考，在现在这样的流量环境下，我们如何赢得更多的关注？

除了所提到的专业背景、精良制作等因素外，良好的表达更能让人们相信你所发布内容的真实性。试想一下：同样是告诉你下周可能会有暴雨侵袭的两个短视频作者，一位逻辑清晰，语言干脆，并且脸上充满了坚定；而另外一位说话结结巴巴，甚至连镜头都不敢看，你会相信谁的话呢？

优秀的表达能力是一个说服者必备的能力，同样也是希望借助权威元素传播内容的病毒式传播信息所必备的元素。一些热传的科普类视频下，你总会发现这样的评论："我其实并没听懂他在说什么，但既然他说得那么自信，那可能这是真的吧！"这虽然是一句戏谑的话，但从另外一个层

12

面也能展现出好的表达能力对于信息本身可信度所带来的巨大影响。

除了自信之外，还有一些能够让人们认为你表达能力不错的办法，包括外表吸引力、知识能力、声望和品德。这些元素对于说服技术来说弥足重要，在病毒式营销传播的内容当中也有举足轻重的作用。你可以在一些被广泛传播的信息中找到这些元素：主播如果漂亮，那么"她说什么都是对的"；知识能力较强、具有广泛认可的品德，其信息也会更加具有可信度。这些和更优秀的表达能力似乎关系不大，因此不再赘述。

## ▌ 恶意干预导致谣言传播

我们需要再次提到从众。

对于一条广泛传播的信息来说，传播它的人足够多，就足够将一条本来并没有什么权威性的信息变成权威信息。我们在前文中提到的"神仙"飘浮在空中的视频得到很多人的信任，就是基于从众的原因。

如果人们在看到某条几乎是胡说八道的信息时，没有什么人关注他，那该信息接收者顶多会把它当作是个笑话；但如果这条信息已经被几十万人看过，那么假的也就变成了真的。许多谣言变成了权威信息，正是因为人们看到别人都在转发它，于是就把它当作是真实的信息。

谣言是一种颠倒黑白，且完全没有社会有利价值的虚假信息，但这完全没有阻止它成为最容易被传播的信息之一。为什么人们会把谣言当作真相呢？了解这个问题，我们需要分析那些谣言制作者通用的手段。

如果你看到过一些谣言，就能很容易发现它们之间的共同点：它们都会激发人们的某种极端情绪，并且这种极端情绪都有可能让其产生风险和危机意识。例如某些具有不良企图的人计划毁掉一个奶粉品牌，他们就会费尽心机地找到这款奶粉的配方，或者保质期。如果他们发现某种原料在一些化工用品或者工业用品中也有使用，那么他们就会利用人们对化学成分缺乏知识和经验的现实，将该原料在化工中的作用极端放大，让人们产生恐慌。如果他们找不到这种原料，就会寻找该奶粉保质期与其他某个极短保质期的奶粉作比较，告诉人们：之所以这款奶粉的保质期长，是因为它加入了大量的防腐剂，这对婴幼儿健康具有极大的损害。在这种情况下，信息接收者就会产生恐慌心理。他们有些自己有孩子，有些虽然没有孩子，但依然愿意把这条耸人听闻的信息转发到自己的社交媒体，并加上一句"转发，给更多有孩子的人看"。也许他们传播该信息的目的并无恶意，但正因为缺乏专业知识和经验的群体众多，所以该信息就很容易以极快的速度发酵，形成更大规模的传播。而这种传播又在某种程度上激活了人们的从众心理，因此假的信息也变成了真的。

此外，如果人们对某商品有担心的态度，人们就很容易寻找各种论据来证实自己的判断准确。依然以奶粉为例，作为摄入自己最亲爱的人——自己的孩子体内最多的食品，他们每次选购都会极为小心，并广泛地搜索一些品牌的信息，希望能完全放心地使用这款奶粉。但事实上，由于互联网上的信息鱼龙混杂，真假不一，一旦他们找到了关于该品牌奶粉的谣言，他们就很容易爆发更加强烈的情绪，从而加入传播和抵制的队伍。

有些时候，即便是非常权威的官方发布公告进行辟谣，许多人依然坚定自己看到的才是真实的，并不愿意放弃自己的自我证实。而正因为这种自我证实的因素和从众行为同时出现，谣言成为了危机公关领域最难彻底攻破的棘手问题。

事实上，自我证实是"造谣一张嘴，辟谣跑断腿"的罪魁祸首。当人们主动将谣言信息进行传播时，他们就会相信自己的判断，并且越强有力的反驳就会越加剧他们对谣言的信任程度。

## ■ 题外：自我证实和危机公关

自我证实可能是人类最傲慢的认知偏差之一。想象一下，你的内心就像一面镜子，时刻反映着你是谁、你的想法、信念和自身的故事。自我证实就是我们内心的追求，努力确保这面镜子里的倒影始终清晰一致，哪怕外界给我们的画面再怎么模糊不清。

我们的大脑不喜欢认知上的混乱和不确定，它渴望和谐和秩序。当外界的声音同我们内心的呼声相呼应，我们就感到平静。这是认知一致性的力量，它驱动我们去寻找、解释，甚至记忆那些能够验证我们自我形象的信息。

当你对某事有所期待时，你的行为和交流方式也会不知不觉地塑造出那个预期的结果。如果你期待别人认为你是聪明的，你可能会在谈话中更多地展示你的智慧。这就是自我证实在社交中的作用。

拥有一个稳定的自我观念，就像有一个内心的导航系统，能帮助你在复杂的社会交往中找到方向。它带给我们安全感和身份的连续性。在我们与人互动时，我们不断地寻找和收集那些能让我们的内心导航系统运行顺畅的反馈。

但是，有时这个保镖也会过于保守，防守得太过严密。当我们面对那些与我们现有自我图像不合的信息时，自我证实的力量可能会让我们视而不见或者勇往直前。它可能会让我们固步自封，错失成长和变化的机会。

也正因为如此，很多时候人们更加相信自己转发过的信息，也就更相信谣言。

根据社会心理学的理论，人们信任了某个观点后，面对质疑时常会本能地激烈反击，以保护自己的观点和自我形象不受损害。这种反应在心理学上被称作逆反效应，当我们攻击他人的信念时，往往会使他们更加坚定立场，而不是反思和改变。而且，如果他们用来支持自己观点的理由被证明是不充分的，他们往往会倾向于更加极端地捍卫自己的原有观点，以证明自己的立场没有错。这是一种自我保护的机制，也是一个认知的死胡同。

在交流的艺术中，最高级的技巧不是针锋相对，而是巧妙地引导。这意味着我们在处理谣言时，需要更加从容地和相信谣言的人们接触，而不是针尖对麦芒的抵触。

　　站在信念坚定者的角度，我们用心听他们的想法。我们要做的不是把谣言直接摧毁，而是在他们心里种下怀疑的种子，让他们自己通过思考得出谣言不可信的结论。这种策略被称作"植入式接种"，意思是我们无须直接去改变坚信谣言的人们的想法，而是给他们一个能引发他们思考的，非常小的质疑点，让他们用这一点点质疑去扩散自己的整个意识。

　　为了做到这些，我们可以运用诸多社会心理学的工具。例如，故事可以帮助我们构建一个引人入胜的框架，让接收信息的人自然而然地跟随主人公的脚步，发现事情的真相。通过情感共鸣，触动人们深层的情感和同理心，使他们减少防御，增加接纳。

　　此外，我们可以借助群体效应，列举那些已经醒悟并站在真相这边的人的例子。展示一旦携手并肩，我们如何将谣言的迷雾吹散。通过他人的模仿行动，我们激发了社会的效仿欲望，鼓励人们一起向着正确的方向行走。

　　需要注意的是，这个过程必须保持耐心。森林不会在一夜之间长成，信念的转变也需要时间。通过温和的策略和持续的努力，我们可以慢慢清除道路上的障碍。

　　1985年，可口可乐公司为了最初一些改变而大胆地修改配方，但谁也没想到，这竟然几乎发酵成了一场灾难。

　　那一年，可口可乐公司为了对抗竞争对手百事可乐所带来的压力，推出了新配方的可口可乐，称之为"新可乐"（New Coke）。然而，公众的反应却出人意料的负面且激烈，众多消费者误认为新配方会取代传统的可口可乐配方。

　　这场危机让可口可乐公司深陷谣言的漩涡，消费者沉浸在他们对"新可乐"配方的负面情绪中，并广泛传播着可口可乐要永久改变他们喜爱的原始口味。面对这样的谣言和信任危机，可口可乐采取了一系列的公关策略来说服和安抚公众。

可口可乐公司首先承认了消费者对于新品味的担忧，并迅速调整其策略，推出了"经典可口可乐"（Coca-Cola Classic）。在新闻发布会上，可口可乐公司的首席执行官当众表达了对消费者声音的尊重和理解，并告诉人们，他们正在努力听取人们的意见，并且会按照这些意见来保留原有的配方。

通过媒体和广告，可口可乐巧妙地转化了人们的担忧。他们没有强硬地推销新配方，而是诉诸于情感，强化了"经典可口可乐"作为文化象征和个人记忆中不可缺少的部分。

随后，可口可乐通过各种沟通渠道，透明地分享了重新引入"经典可口可乐"的动机和决策过程，确保公众了解新旧配方将共存，而不是被替代。这一策略有效地平息了谣言，并恢复了消费者对品牌的信任和忠诚。

最终，可口可乐克服危机，不仅保留了忠实消费者，还增加了市场份额。其逆境中的智慧应对让整个案例成为战略沟通和危机公关的教科书案例，展示了在信任被削弱时，如何通过耐心、尊重和倾听再次赢得人心。

## 第六节　稀缺总是让人们趋之若鹜

稀缺品总能轻易吸引众人的目光，从古至今，亘古不变。

稀缺品不仅是商品，更是一种社会的符号，一种可以让人立刻从众人中脱颖而出的符号。这就是为什么当我们听说稀缺品时，会如此动容，甚至怀着一种不可抑制的欲望去分享关于它们的一切，毕竟，它们具有不容忽视的吸引力。

人们传播稀缺品相关的信息可能有两种可能：一种是因为获得了稀缺品而炫耀，另外一种是为了得到稀缺品而寻求帮助。

想象一下，当你手中握有那个人人渴望但难以求得的物品时，内心的得意和自豪无法掩饰地溢出，你炫耀的不仅仅是物品本身，更是一种只属

于你的特权和胜利。这是人类天性：我们渴望被看到，被认可，有时甚至被羡慕。这种通过宝贵之物来彰显自我价值的行为，是人类社交互动中常见的一环，它深植于我们每个人的内心深处。

另一方面，当我们在追逐那些遥不可及的稀缺品时，分享和传播可以促使我们获得那些稀缺品，例如春运期间的火车票。这种行为源于另一种天性：求助与合作。我们发布自己的需求，希望通过朋友的帮助和信息网络的力量，能够让我们获得我们向往已久的稀缺品。

## 刺激人们获得稀缺品后在社交媒体展示

当人们获得了某件稀缺品，并且认为这件稀缺品可以帮助自己获得更好的自我呈现，那么他就很可能把这个消息分享给自己的朋友、家人，甚至更多的人。

2004年，互联网巨头Google推出了它的电子邮件服务Gmail。但与常规的市场策略不同，Gmail并没有立即向公众开放，而是采取了一种仅凭邀请才能注册的独特入场机制。Google是因为没有钱支付更多的服务器成本吗？显然不是。从邀请码系统被画在草图上的那一刻，它就成了干预人们行为的策划。

在Gmail初始的推广中，Google并没有做过多宣传，但它已经拥有的品牌形象和一贯优质的产品信誉让人们对Gmail寄予厚望。当时的互联网用户，对Google即将推出的邮件系统充满好奇。因此，在Gmail采取邀请机制的消息传出后，获得一枚Gmail的邀请码和成为它的用户立即变成一种身份的象征。

Google并不急于放开注册，它依旧维持着对邀请码数量的严格控制。随之而来的稀缺感让邀请码瞬间变得弥足珍贵。人们对能够成为Gmail用户的期盼迅速上升为一种渴望，而那些少数拥有邀请资格的用户，则无意之中成了关注的焦点。

在社交场合，如果有人告诉你，他们刚收到了一份Gmail的邀请，那意味着，他们是被某个已有账户的用户看作足够重要的关系。同时，当用户获得向他人发送邀请的权利时，他们会深思熟虑，仔细筛选，将这份特权赠予真正值得的好友。

在这样的一股"Gmail潮流"中，拥有邀请码仿佛成了加入高科技贵宾俱乐部的入场券。业内人士在社交媒体上炫耀自己的Gmail账户，通过使用Gmail发送邮件来标榜自己与时俱进。当别人看到邮件下方附带的那个"Sent from Gmail"（来自Gmail的邮件）的签名时，无形中都会对发送者刮目相看。

这不仅仅是一种聪明的干预方式，更深层次地，它触动了人们内心深处对于稀缺资源的渴望以及通过稀缺资源所带来的社会认同和炫耀的心理。

不久，Gmail变成了一个社交身份的象征，一个悄无声息地改变人际关系的工具。人们在互联网论坛、社交媒体，甚至是现实生活的聚会中，探究谁能够分享这把钥匙，这把打开数字世界新纪元的钥匙。

这一全新的市场策略不仅有效地提升了Gmail的市场占有率，也巧妙地让每个用户成为Google的传播者。那些初期的Gmail用户，无一不在不经意间，为Google画下了一笔宏伟的营销篇章。

## 帮助人们获得稀缺品

干预技术的巧妙之处在于，它不但可以让人们炫耀自己获得的稀缺品，还能刺激人们获得稀缺品的意愿，甚至让他们获得稀缺品。

每年中国农历新年来临之际，一场规模浩大的人口迁徙活动随之上演。这场被称为"春运"的活动，其规模之广、人数之多，使其成为了地球上独一无二的移动奇观。在春运这几个星期里，数亿中国人涌动于铁路、公路、航空网络之中，只为了能够回到家中与家人团聚过节。而因交通资源在此期间异常紧张，"抢票"一词不仅成为春运的代名词，更成为了中国特有的社会现象。

在这个春节返乡高峰时刻，车票成为了一种奢侈品。尤其是那些从大城市通往偏远乡村的主要交通线路上，火车票几乎是刚一开售就瞬间售罄。在这场抢票大战中，互联网平台成为思念家乡的人们挥戈的战场，人们疯狂地用各种方式竞争那寥寥无几的车票。

一些技术高超的抢票软件被悉数投入战场。它们使用服务器集群，模拟成千上万个手指同时点击"购票"按钮，试图在铁路售票网站上为用户争取到宝贵的车票资源。有人批评这种做法破坏了交易的公平性，但对于那些急于回家的人来说，这样的抱怨声已经被他们"归心似箭"的心情所淹没。

为了增加抢票成功的概率，一些服务平台推出了会员制服务。用户只需支付一定费用，便可获得更高的服务器优先级和更强的带宽支持。这种服务就像一支帮助你抢购车票的军团：普通用户在售票网站上独自一人苦苦排队等待，而拥有这支军团的用户，却好似一整支团队，强力向前冲锋。

真正引发广泛讨论的，是一些平台创新性地将病毒式营销与抢票服务结合在了一起。当你向平台提供了需要购买的车票信息，平台会生成一个"助力抢票"的链接页面。用户可以将这个页面分享至各种社交媒体，亲朋好友通过点击页面上的"帮助抢票"按钮，就能够为用户带来额外的服务器带宽和处理能力。这种机制令人沸腾，使得无数执着于回家的人变身为营销使者，将抢票的呼喊传遍了互联网世界的每一个角落。

你可以在微信朋友圈、微博、QQ空间里看到，那些充满期待的抢票信息像滚雪球一样越滚越大。人们不仅自己疯狂点击，还召集亲朋好友加入这场数字集结。在个人情感与集体热情的双重推动下，抢票页面迅速传播，让抢票软件的品牌在人们的心中牢牢地扎根。

尽管如此努力，人们依旧有可能在热门线路上功败垂成。但这种共同抢票的经历，让大家懂得了团结的力量，也体验了互联网时代下，稀缺资源争夺的新模式。正是因为有了这份期望，抢票从一个简单的购票行为演变成了一项全民参与的社会活动。而那些聪明的网络平台，通过所谓的"免费抢票"机制，实际上赢得了最宝贵的东西——用户的忠诚和无形的品牌影响力。

这场每年一度的春运大战，不仅展示了中国独有的社会面貌，也反映出了人们对家的深切追求。它告诉我们，无论技术多么先进，它们终究服务于最基本的人类情感——回家团聚的愿望。而那些网络平台的抢票服务，不仅是一场营销上的胜利，更是对这种人类共同情感的一个巧妙呼应。

## 什么才是能引发情绪的真正稀缺品

想象一下，你刚刚带着激动的心情向市场推出了一款新产品，怀揣着把它打造成一个被广泛讨论的稀缺品的梦想。你效仿了Google推出Gmail时的策略，为你的产品设计了一套邀请码机制，期望消费者会疯狂传播这些代码，从而制造出一种需求远大于供给、每个人都渴望拥有的景象。然而，现实似乎并不配合你美好的幻想。几乎没有人对你的邀请码感兴趣，对他们来说，你的产品不过是市场上的又一种选择，甚至可能还不是最好的那一个。这里面，显然发生了一些误算。

要理解这个问题，让我们先从经济学的角度来看看什么样的商品才能成为真正的稀缺品。稀缺品之所以稀缺，是因为它们与众不同，难以被其他商品替代，并且需求远超过供应能力。举个简单的例子，如果有一种特殊的黑玫瑰，它只在一个遥远的孤岛上生长，而世界上正好有数以万计的人想要获得一枝，以此作为爱情的象征，黑玫瑰便是一个典型的稀缺品。但如果同样的黑玫瑰在每个城市的花店都能买到，且价格公道，那么谁还会把一次获得它的机会当作珍稀体验？

当你心血来潮、推出了带有邀请码的新产品时，你可能低估了市场上的替代品数量以及其他品牌的声誉。一款新产品要让人觉得稀缺，它必须拥有某种独特的价值，要么因为它的质量无与伦比，要么因为它背后的品牌拥有令人信服的权威性或魅力。这些独特价值，便是产品能否被打造成稀缺品的核心所在。

以Google的Gmail为例，我们知道Google是全球顶尖的科技公司之一，其产品几乎自带品质保证。那些熟悉互联网行业的人，认为Google的产品代表了前沿与高品质，他们自然会对Google所涉足的任何领域充满期待。这背后不仅是对Google品质的盲目信仰，更是一种认同感的体现：拥有Google的产品，就好像是得到了行业内的认可和尊重。

设想一下，在城市的大街小巷，你偶尔能见到一些潮人背着印有"Google全球开发者大会"字样的电脑包。乍一看，这可能只是平淡无奇的会议宣传品，但对于一些开发者而言，没有这样的电脑包就仿佛失去了身份的证明。同样，Gmail作为Google的产物，自然也秉承了这样的品牌效应。Google本可以轻松承受增加数百万用户对服务器资源的压力，但其选择了一种看似"小气"的销售手段发放有限的邀请码，这正是为了营造一种稀缺感，使得Gmail在特定人群中演变成一种身份与地位的象征。

从这个角度我们可以理解，如果市场上已经有众多质量相当且价格合理的产品，那你的产品要想成为真正意义上的稀缺品，无疑面临着巨大挑战。你会像是在用自己的小木舟与海上的巨轮竞争。取一个实际例子：设想一位在常青藤盟校的教授免费开设了一门关于干预技术的课程，而你试图用邀请码来限制人们参加你的同类付费讲座。众所周知，那位教授可能比你更有威望，而且他还无偿分享知识，听众自然而然会奔向他。如果你坚持一直按照原计划行事，恐怕仅能承受孤独。

因此，创造稀缺品并非易事，特别是当你的产品并未真正超越市场上的其他选择时。想要通过病毒式营销让你的产品变得炙手可热，你需要的不仅是营销策略，更需要一款具有无可替代价值的产品。如果该产品本身就独树一帜，背后又有强大的品牌支持，让使用者能够通过它来提升自己的社会地位，那么病毒式营销将是你的王牌，能让你的产品名扬四海。

在打造昂贵的幕后策略之前，首先确保你的产品本身就是个明星。只有真正卓越的产品，才能在市场上创造出真正的稀缺和需求，才能借助病毒式营销在广阔的消费海洋中驶向成功的彼岸。

Gmail案例无疑为未来的数字营销界树立了一个典范，它提醒我们：在这个每个人都追求独特性和认可感的时代，一个好的产品需要的不仅是质量，更需要一种能够触动人心的故事，而Gmail正是这样一个故事的完美缔造者。

## 第七节　刺激人们懂得礼尚往来的互惠

在微信计划进入支付领域时，其竞争对手——支付宝已然稳坐领导者宝座，微信似乎难以为继。大众已默认：支付宝负责金钱的流转；微信则负责维系社交的纽带。原本的这层界限，让微信支付的推广坎坷重重。

但是，微信支付的策划者没有放弃。他们洞察到，微信的社交根基可以成为破冰船，例如传统的红包文化，每逢新年，通过送红包来表达祝福和维系关系无疑是攻占支付市场的绝佳途径。因此，策划者将红包功能数字化，与微信支付完美结合，并恰逢佳节上线。

令人惊叹的是，这一招俨然改变了游戏规则。用户为了向朋友和家人传递祝福，急切地开通了微信支付，并通过发送和抢红包的方式加深人与人之间的联系。收到红包的用户，往往会再次包上一个红包再转发出去，形成了强烈的用户黏性。而那些尚未开通微信支付的用户，为了不错过红包带来的乐趣，纷纷加入。短短一个春节假期，微信支付用户数亿计，成功打破了支付宝的市场独大局面，并在电子支付领域确立了自己的地位。

互惠在大多数组织和文化中都被视为维护社交关系的关键。它能够促进人与人之间的良性互动，今天你帮助我，明天我回报你，这种相互扶持的行为模式，让社交往来更加融洽和持久。我们的自私和贪婪或许是人性本能，但互惠则是将这些本能变为社会正能量的催化剂。

互惠的动力可以来自多方面，但重要的有两方面。

第一方面是人们不想显得忘恩负义。人们内心深知，若自己在享受了别人的帮助后未能适当回报，便可能在他人心目中留下不良印象，这会导致社会排斥或者评价下降。例如，如果有人在你多次施以援手后，却从未表达过感激或回报，你未来很可能就会将这人排除在外，不再将他纳入你私人生活的圈子之中。

第二方面，互惠心理也表现在我们不愿意欠下人情债的心理上。直觉告诉我们，欠下人情债意味着在未来可能会面临做出某些不情愿的决定和行为。避免这种人情债，变得尤为重要。然而，这种心理在市场营销方面也被不同品牌和服务以不同形式加以利用。聪明的营销人员会通过提供初步的优惠、服务或礼物，让用户感受到被关怀和尊重，进而培养出一种品牌忠诚感。用户在享受了品牌的优惠之后，可能会感到有一种回馈的必要性，他们不仅会成为重复购买者，也可能变成该品牌的忠实推广者。

利用互惠心理，品牌推广者巧妙地使产品通过"种子用户"的推广病毒式传播。

如电子贺卡，在特殊的节假日，用户可以通过各种渠道向他人发送个性化祝福，这些祝福往往被精心设计，并加入了触动人心的元素。接收者也可以通过简单的方式回赠，平台甚至推出了更多的互动功能来激发这一行为，诸如允许在回赠卡片的同时，向其他人免费赠送卡片，从而无形中扩大了其传播范围。

互惠的魅力不在于单纯的物质交换，而在于它能够维系和深化人际关系的无形纽带。它干预我们去思考和盘算，决定哪些是更重要的人际联系，谁值得我们向其展示感激，谁可能会以诚挚之心回应我们的好意。这些心理活动，让互赠的过程充满了深意，反映了互惠行为背后的真正动机。

人们在寻求社交认同的同时，也借助互惠行为巩固自己在社会中的位置。通过互惠，我们表达了对别人的尊重和关心，并在不知不觉中加强了社区精神。对品牌而言，通过满足用户的互惠动机，商家可以创建出强有力的用户社区，培养品牌忠诚度，最终让产品走向成功。

我们可以看到，无论是在亲情的延续、传统的尊重，还是对友情的维系上，互惠总是扮演着关键角色。互惠深嵌在我们的文化理念、商业理念，甚至是社会运行的机制中。只要我们能明智地利用这一人性特征，就能让社交网络更加健康地发展，同时帮助品牌实现目标。

可以说，互惠是商业和社会交往的重要支柱。理解互惠的力量，能够让我们更加明智地构建人际关系网络，通过积极的交流和合作，实现个人与群体的共同发展。

## ■ 人们为什么会互相帮助

想要理解互惠的原理，首先我们要考察其深层的心理基础利他的原理。

进化心理学提供了一个框架，解释了在我们的物种历史中，为什么偏好利他和互惠行为对于生存和繁衍后代有益。我们的祖先中，那些愿意互相帮助的个体，更容易在困难时期得到帮助，从而提高生存和繁殖的机会。这种行为通过进化过程逐步编织进我们的遗传记忆中。今天，我们看到的帮助、慈善和互惠行为，都是这种利他心理作用的现代体现。

心理学将利他细分为几种动机层次。我们最容易观察到的是寻求外部回报的利他行为，这可能是为了获得他人的认可、提升个人形象，甚至获取经济利益。例如，支持自闭症儿童画作的公益活动，相关参与者除了出于对孩子们的关爱外，可能也在寻求一个社交认同的机会，这会让他们在社交圈中获得一种"善行者"的正面形象。

第二种形式是寻求内部回报的利他行为，这通常源于想要缓解自己的焦虑感或内疚感。例如，当一个人在街上看到处境困难的他人，帮助的冲动可能是为了减轻自己观察到痛苦时产生的不适。这类帮助的动机源自内心深处的道德自觉，而非为了展示自己的善举。

纯粹的利他行为，虽然在日常生活中较为罕见，但其影响力巨大，通常与自我牺牲甚至冒生命危险的品行有关。它源于一种本能的、无须回报的愿望，为他人的幸福和福祉付出所有。历史上不乏这样的英雄，他们的事迹持久地影响着我们的社会文化，成为人性中最难能可贵的典范。

一个典型的纯粹利他主义者，就是德国商人约翰·拉贝。也许你并没有听说过他，但是他的著作你一定有所耳闻，那就是一经出版就震惊世界的《拉贝日记》。

《拉贝日记》并非寻常的战争故事。它是德国商人约翰·拉贝记录日军侵华的真实见证，展示了在1937年南京大屠杀期间，一个外国人如何行使纯粹的利他主义。在那些黯淡血腥的日子里，拉贝成为了超过20万中国平民的守护者，他毅然决然地在南京创立了避难所，从而抵御了日军的侵害。

他的行为并没有因为要求回报而减色，也无须任何荣誉来装饰。拉贝的力量来自于一个观念：圣人无边界。他用自己的权力和能力筑起了一把保护伞，使得无数生命得以在纷扰战云中短暂喘息。即便自己身处险境，拉贝也从不犹豫。在日记中，每一笔每一画都透露出他那几乎不计后果地守护他人安危的决心。

拉贝在冰冷的政治现实面前坚守着内心的火焰。

索引拉贝日记中有一段重要记录，他写道："今晚有两名难民来到我的房间……他们非常害怕，告诉我一个可怕的消息：数百名中国士兵打算穿着女装潜入安全区。我马上意识到，如果日军发现这事，他们将不惜一切代价进入安全区来搜查，那么数以千计的妇女和儿童就会被他们认为是中国士兵而全部杀死。于是我马上去找日军谈判……最后的结果是我成功地说服了日军，如果他们允许我自己清查这些士兵，日军就不必进入安全区。"

约翰·拉贝用他的行动定义了什么是纯粹的利他主义。这本日记不只是历史的缩影，它是无私奉献、勇气与智慧的象征。拉贝的经历启示着我们：纯粹的利他主义并不总是出现在历史的光辉之中，很多时候，它们存在于平凡之人的非凡之举。

回到正题。

当我们将利他原理与互惠相结合时，可以看到一个更加细致的社会互动格局：无论出于内在还是外在的动机，当某人展现出利他行为时，它几乎总会激发另一方的回应。这种议价过程，或者说社会交换，根深蒂固地镌刻在我们的文化中，他人的善举唤起我们的感激，我们回馈的意愿成为保持社会和谐的必要环节。

人们互相回馈的心理可能源自不愿意在价值交换中处于欠缺状态。我们深知，在社交网络中保持良好的声誉至关重要。在给予与接受的过程中，能力上的平衡是双方都希望达成的。在这一过程中，回报那些对我们有恩的人，不仅是为了避免被认为是无情的人，更是在构建一种长期互利的关系。

互惠的过程包含了感激与回馈，它是一种社会对等性的体现。进化赋予我们的利他性冲动，在现代社会中转换成了互相帮助、彼此支持的行动。这种伴随着我们人类进化的心理特质，如今在我们的日常生活、商业交易和社会关系中扮演着关键角色，它不仅维系着我们的群体稳定，还促进了我们社会关系的深化与发展。

## 如何干预人们出现互惠的动力

当人们产生强烈的互惠动力，他就有极大的可能帮助我们将产品分享给更多人。这对于流量增长，甚至是流量转化工作绝对是一个好消息，因为这不但可以提升平台的用户黏性，更重要的是，通过一次次互惠式的分享，平台的信任程度也在不断增长。

成立于2007年的云存储文件同步工具Dropbox就是通过一些干预手段达到了这样的目的。

2008年，Dropbox推出了其云存储服务。其提供了一个简便的解决方案，让全球用户能够存储、访问并分享文件。然而，身处在起步阶段的Dropbox面临着一个紧迫的难题：如何在激烈竞争的市场中迅速扩大用户群，从而确保其商业模式的可行性和公司的长远发展。

在一众增长师的策划下，Dropbox推出了"推荐增容"活动的策略，这个活动不仅智慧地解决了获取新客户的挑战，还通过简单而强大的推荐逻辑推动了用户群的无限扩张。这个活动的启动简直可以称为Dropbox发展历程中的转折点，它所带来的影响是巨大而深远的。

推荐增容计划简单直接：每当现有用户成功邀请一个新用户，双方都会获得额外的免费存储空间。这种对互惠性的理解和促进操作的设置，巧妙地激发了用户的外部激励。

为什么这样的干预手段会成为Dropbox流量暴增的直接原因？

首先，这项服务通过提供立即可见的实际价值（即存储空间）来吸引用户。在数字化时代，存储空间的价值众人皆知，它就像一个数字时代的货币，你可以用它来保存更多的照片，备份更多文件。每个人都希望拥有更多的这种"货币"，而当有机会通过一个简单的操作获得它时，大多数用户自然不会错过这个机会。

接着，推荐增容服务打破了传统的营销模式，将用户转换成了Dropbox品牌的推广者。不同于高昂的广告费用，Dropbox将营销预算直接投入到提供免费存储空间上，通过奖励用户的互利行为来激励他们自发地推广服务。用户之间的相互推荐形成了一种可信赖的口碑效应，这种从朋友或同事那里得到的推荐要远比任何广告或推销更为有效。

此外，此举还有效地促进了社区内的正循环。用户希望获得更多的空间，并愿意邀请他们信任的人一起参与，让帮助和互助之间形成了一种隐性的社会契约。这种互惠的动机不但促进了用户的黏性，而且加深了Dropbox在用户心目中的品牌印象。

干预的过程中，Dropbox还明白一个重要的心理学原理：即时反馈。

用户执行了推荐操作之后，他们几乎可以立刻看到自己账户存储空间的增加，这种即时的满足感大大增强了行为的正向反馈，从而推动用户继续参与推荐活动。

同时，推荐增容服务注重突出个人对于社群贡献的可见化。每个由用户邀请的新用户不仅代表了更多的存储空间，也在客户端和网站上变成了一种可见的成就和荣誉。用户之间的小小比较，无声地激发了人们的进取心，促使他们更加积极地参与互惠行为。

Dropbox所涉及的干预手段不仅满足了用户的实际需求，也巧妙地运用了人类心理学的原理。通过提供具体的回报、即时的反馈，以及增加个体在社群中的可见性和影响力，它成功地转化了用户为其最有力的市场推广者，创建了一个持续增长且具有活力的用户网络，成为了提升品牌流量和影响力的典范。

基于这个案例，我们来看如何干预人们出现互惠的动力的六个方面。

第一个方面，核心在于明确地向用户提供实际的价值。在Dropbox推荐增容服务的案例中，公司并没有提供抽象的品牌承诺，相反，它向用户展示了一种非常具体的优势：额外的免费存储空间。用户可以立即看到这种价值，在数字生活中实实在在地使用它。通过这种形式的明确奖励，用户感受到了其付出行动的直接回报。

第二个方面，需设计以行动为导向的激励机制。Dropbox的激励方案不仅指名道姓地表明了用户所做的推荐有多么重要，更重要的是，它清晰地描绘出了参与行动与获得回报之间的连接。每位成功邀请一位新用户的现有用户都能收到额外的存储空间，这种直接联系使得互惠行为成为一种看得见的结果，而非抽象的概念。

第三个方面是简化用户的参与过程。在Dropbox案例中，推荐过程只需几个简单的步骤：发送邀请、注册账户、即刻获得奖励。通过这种方式，Dropbox有效地移除了复杂性和可能的潜在障碍，使用户在分享中体验到轻松而无忧的乐趣。

第四个方面，强化正面反馈和即时奖励。在任何形式的干预策略中，即时的正面反馈至关重要。Dropbox理解这一点，并确保每一次推荐后，用户都能立即获得存储空间的奖励。这种即刻的满足感极大地强化了用户重复行为的动机。

第五个方面，需要可视化的进度和成就显示。Dropbox通过直观的界面使用户看到他们因推荐获得的空间。这种成就感的激发可以增强用户的自信，并激起他们进一步推广服务的热情。

当然，还有最重要的一点：市场和用户研究是干预策略成功的基石。一个精心设计的用户研究可以提供关于目标受众行为动机和需求的深入洞察，这些知识对于设计精准有效的互惠策略至关重要。

你可以看到，干预策略在Dropbox故事中的运用不是一项单一的任务，而是一系列仔细策划且串联紧密的步骤。从提供明确的价值到创建即时的奖励机制，从简化用户参与的步骤到社交化的推动，再到可视化的进度显示和用户体验的持续改进，每一步都是精心布局的结果。

## 将互惠作为传播的核心

在当代的市场营销境界中，互惠原理被赋予了前所未有的力量。这种力量，恰似一种携带善意的"病毒"，在人们之间悄然传播，而非但没有触发防御机制，反而以其积极的能量感染了整个社群。互惠原理的病毒式传播显然有其内在逻辑，它不是无序蔓延，而是一场精心编排的交互律动。

让我们从微信支付的红包现象加以剖析。

当用户收到一个来自朋友的红包时，他们几乎没有拒收的理由。这份来自朋友的礼物既有实际的消费价值，又充满了情感意义。由这份红包启发出来的善意，引发了一连串积极的互动，这正是微信红包功能席卷市场的关键所在。

互惠作为信息成功传播的有效性，取决于两大要素：其一，赠与的物品或服务对于双方都具备吸引力；其二，传播双方在乎对方，并认为可能在未来得到更大的回报。值得商榷的是，物品的价值远不止于经济层面，它还蕴涵了深远的情感寓意。例如，一张免费的电子贺卡尽管在物质上不值一提，却因其承载了人与人之间的情感与祝福，陡增了非凡的价值。

设想这样一幕：一个细心的朋友记住了你的生日，并在那特殊的日子发送了一张精心挑选的电子贺卡。这张卡片所表达的感激之情让你明白，在这个个性化且快节奏的世界里，你在他心中占有一席之地。受到这份心意的感动，你可能会被驱使将这份祝福分享到自己的社交网络上，并对那位朋友表达感激之情。这一基于互惠和自我展现的循环，一旦启动，便具有了自我增长的历程。

然而，如果礼物的接收者认为所收到的并不具有价值，那么基于互惠的传播将会戛然而止。例如，一家家具公司送给客户一本精美的新款家具杂志，印制这样的杂志成本不菲，但如果客户对此并不感兴趣，那么他们就可能将其视作一次普遍的营销宣传，而不会产生应有的互动。只有当赠与者和接收者都看重这份礼物时，互惠的传播才会继续进行。

微信红包之所以能在短时间内掀起轩然大波，正是因为无论发送者还是接收者都认为这份礼物本身是有价值的。红包的经济与情感的双重价值，驱动着用户无时无刻不想参与其中的病毒式传播。

当情感成为交流的核心价值时，人们更加重视信息的发送者，这是互惠用作病毒式传播的第二要素。如果一张贺卡来自于我们深爱的家人、敬重的客户，或者平日合作无间的同事，我们会不自禁地想要给予某种回应。相比之下，这种回应在与我们关系紧密的社交链条中要比在陌生的社交平台中更容易产生，因为紧密的社交链是建立在亲密且长期的个人关系之上的，而不是偶然或几乎没有交集的人际互动。

通过深入分析互惠作为病毒式传播的生态学环境，我们可以看到，如果一个产品或服务触动了人们共鸣的枢纽，并激活了人际间的传播动力，那么它就拥有了在市场上获得成功的关键因素。此刻，你的产品是否已经做好准备，挑战互惠原理驱动下的病毒式传播呢？如果答案是肯定的，那么不妨开始行动，让你的品牌故事在用户群中自然流转，传递那份发自内心的、无法抗拒的互惠情意。

## 第八节　干预人们的竞争意识

你也许很少会转发别人的信息，甚至连点赞、评论这种操作都不愿行动。但如果有些信息挑战到了你好胜的神经，那么你会立刻开始反击，甚至不惜花上时间和金钱的代价。

这就是竞争。

竞争可以以很多形态存在，它不仅仅是赤裸裸的搏击，更可能是对于一个话题的争议，对于一份游戏排行榜的胜负欲。

竞争是这个世界上最美妙的东西之一。因为有了竞争，人们才得以进步，也同样是因为竞争，社会才得以进步。从微观的角度来说，一家公司设立了竞争机制，让人们根据任务完成度评选优秀，淘汰末位。这种竞争

让公司进步更快。而从宏观角度来说，由于对市场竞争的良性竞争鼓励，经济社会才得以迅速发展。

用户的胜负欲和竞争是驱动互联网平台增长和创新的重要因素。通过利用用户的这些心理特质，一些平台也能在激烈的市场竞争中脱颖而出，成为行业"领头羊"。

成立于2011年的语言学习软件多邻国（Duolingo）就非常聪明地用干预人们的胜负欲达成了产品的成功。

这款应用采用了游戏化的学习方法，设置了积分体系、每日目标、连续学习天数追踪以及排行榜。用户犹如置身于一个清晰的里程碑式系统中，其绩效和投入时间直接转化为在平台上的排名，推动用户一步步地边学习边竞争。无形中，多邻国将语言学习转化为了一场友好高效的角逐。人人皆可成为胜者，只要你勤学不辍。

在游戏化激励机制的驱动下，多邻国不仅将籍籍无名的词汇和语法点变得妙趣横生，更是促使用户持续黏着屏幕，日日复返。没有哪个行业比教育技术更需要持久的动力和长远的视野，多邻国巧妙地将两者融合，稳固了自己的王者地位。

成立于2009年，专门针对跑步者和自行车骑手的社交网络平台Strava也通过同样的手段获得了成功。

Strava不仅仅是一个简单的活动追踪应用，它更是一片运动爱好者的乐土，拥有亿万用户和充满活力的社交互动。这个数字公园对于勇于挑战自我的运动员来说，提供了最佳舞台，通过著名的"登山王"（KOM/QOM）系统，每一块公路、每一个山坡，都成为了制胜点。当用户上传了自己在一段指定路线上的运动成绩，而这成绩赫然登顶全站最高时，其将荣获"王冠"，象征着这段路线的冠军。

用户的每一次起跑、每一段骑行都是向"王冠"发起的冲锋。而Strava的背后策略便是以此点燃胜负欲，让用户不仅将个人成就作为自我激励的动力，还将其变为与全球同胞竞争的机会。用户在Strava上不仅仅是追踪个人的运动数据，他们在寻求更快、更远、更极致的体验。于是，Strava便成了用户日常生活中不可或缺的一部分，成为了他们数字化运动生涯的见证者，记录着每一次挑战自我的胜利和成长。

若说多邻国是语言学习的战场，Strava是运动的赛道，Reddit则是内容创造者的竞技场。自2005年问世以来，Reddit便以其"互联网首页"（the front page of the Internet）的名号，汇聚了数百万来自世界各地的用户。

Reddit是一个巨大的生态系统，它允许用户提交链接、发布帖子、发表评论，与此同时，其最为独特的功能是，用户可以给帖子投票支持或反对，对于投票更多的内容，Reddit会把它放在首页推荐，使其获得更多关注。

Reddit真正的核心是一场"首页争夺战"。每个帖子的成败，每一条评论的命运，都掌握在用户手中。用户以投票形式展开意见的激烈交流，最终决定哪些内容能占据版块的头条。赢得upvotes的帖子和评论之所以能屹立不倒，是因为它们不仅满足了社区中的信息需求，更是激发了投票者内心的共鸣。这里的每一次点击，无不体现着用户的选择和判断。

在这个独特的平台上，人们非常渴望自己发的帖子能变得火热，登上平台的热门头条。Reddit就是抓住了用户都想赢的心理，让平台充满了各种新鲜又多样的帖子。当用户给帖子点赞或者是踩，他们其实不光是表达自己的喜好，还在无声地告诉大家他们关心什么，以及他们是谁。Reddit成功地围绕着这种个性化的胜负欲构建起了一个充满活力和多样性的社区。

通过这些案例，我们清晰地看到，平台通过巧妙地利用用户的胜负欲来策动参与度和忠诚度的提升。不管是用游戏的方式让人学东西，还是让大家争取在某条路上开车最快，抑或在满是帖子的网络上脱颖而出。这些平台共同的秘诀，就是真的很了解用户的想法。

在这个用户至上的时代，只有那些能让人兴奋上瘾的平台技术，才能在竞争中出奇制胜，最终取得成功。

## 如何才能更好地引发人们的胜负欲

在我们四处寻找胜利的潜在之地时，心理学和行为动力学的先辈们已经为我们铺好了路径。而众多互联网公司，正是沿着这条路径，通过精心策划的信息类型，点燃了人们内心深处的胜负欲。让我们用具体案例装点这段探索的旅程，并分析可能刺激人们胜负欲的六种干预手段。

第一，提供定量比较信息。

定量比较信息是指数字化的成果展示，如排行榜、分数、等级，可以直观地反映个体与他人的相对表现。当人们看到自己在某个量化标准上落后于他人时，他们往往会被激发起迎头赶上的竞争动机。

想象一下我们经常使用的微信步数，它不仅记录了你的步数，也将其转化为一种与朋友们的公开比较。当你看到自己领先时，一种胜利的自豪感油然而生。如果朋友的步数超过你，那份紧迫感驱使你立刻站起来，去追赶别人的步伐。这种简单的数字比较，像是鸣枪发令，开启了一场健康的赛跑。

第二种，提供进度跟踪信息。

进度跟踪信息是指提供用户个人的进度更新，提示距离下一个成就还有多远，或展现已完成任务的百分比，这些信息能够增强用户的目标导向性，激发他们完成挑战，并争取更高的名次。

LinkedIn的"资料完整度"条就是这种信息的佼佼者。随着你添加更多职业经历、技能或教育背景，条形图稳步上升。一个个标签"专业人士""高级人才"它们不断提醒你，你正一步步接近完美的个人展示。这是对个人形象的精雕细琢，也是冲刺的信号，鼓励着你继续夯实你的数字形象。

第三种，提供社交比较信息。

社交媒体上"赞"或是评论的数量展示，直接反映出受欢迎或社区认可的水平。这种不断变化的社会指标激发人们不断提高自己的声望或社交地位。

抖音的点赞和粉丝数便是它们的化身。每一次你上传视频,"赞"的数量即成为了认可的度量。年轻的创作者分享自己的作品,静静等待点赞的数目爬升,仿佛这个数字能延展他们才华的光辉。这个数字,无声无息地鞭策着他们,成为他们艺术修炼中不断攀登的阶梯。

第四种,放大别人的成功案例。

成功案例除了有明确的引导作用外,其在某种程度上激发人们胜负欲的能力不容小觑。试想在某次考试中,你居然输给了你一直认为学习很差的一位同学,你会产生怎样的情感?

YouTube上"热点视频"频道聚集了种类繁多的流行视频。当一位居家日常博主突破百万观看数,立时捧上了这个荣耀的宝座。这不仅是个体才华的胜利,也是千万其他博主野心的播种。他们渴望,也相信自己会成为下一个闪耀在"热点视频"橱窗中的明星。

第五种,输出反向的负面信息。

例如提示用户他们可能会因不采取行动而失去什么(例如丢掉游戏中累积的分数或排名下降),这种损失的可能性能够强烈地激起人们的胜负欲。

Dropbox很好地诠释了这一点。通过其存储空间减少警告,用户被迫考虑升级他们的服务。没有人愿意丢掉宝贵的文件,更别说是因为空间不足。这迫切的担忧,犹如引信点燃的火药驱使用户加快行动,寻求更多的"保险"。

第六种,个性化挑战。

直接向用户发起挑战,如"你能打破这个纪录吗?"或"你将是第一位达成这一里程碑的人",这种个性化的信息通常能够唤起用户的竞争灵魂。

Nike的跑者俱乐部通过调用你的跑步数据,为你设立下一次挑战。"你能在本周跑得更远吗?"这样的问题不仅打击了自满,也施加了压力,要你不断超越自我。

这些互联网平台不仅理解了人类胜负欲的驱动力，它们更是通过一系列创意无限的信息展现方式加以巧妙操控。平台如此，人心亦然，胜负欲渐成推动我们前行的不竭动力。让竞争的火焰在每个人心中熊熊燃起，成为连接数字世界与现实世界的奇迹之桥。

## 人们为什么会出现胜负欲

广袤大地，危机四伏。

生活在这片土地上我们的祖先，一边小心翼翼地维系着自己生存的环境，一边冷眼看着其他任何一切可能带给他危险的因素：野兽、灾害，以及同伴。

从进化心理学的角度来看，胜负欲或竞争心理根植于我们的祖先对于资源、地位和配偶的争夺。在远古环境中，那些能够成功获取资源、赢得社会地位，并吸引配偶的个体，更有可能生存并繁衍后代。这种胜利所带来的回报，无论是在食物、安全，还是繁殖机会方面，对于一个个体的基因传递至关重要。因此，那些倾向于争胜的个体在进化过程中被自然选择所偏好，这种心理特征随着基因遗传给了现代人类。

在现代社会，这份欲望变幻为事业的斗志、体育的热忱、财富的追求，甚至是社交网络上的点赞和关注数目。胜利者得到资源，得到注意，得到肯定；失利者则不断搜寻下一次逆袭的机会。这就是胜负欲给我们的游戏规则。

竞争与合作在人类社群中形成了一种动态平衡。当合作为集体带来更大利益时，合作行为得到优先；而在资源有限、生存压力大的情形下，竞争成为了获得优势的关键。人们的胜负欲是一种适应性行为策略，为了在群体中保持优势顺应而生。

但如果离开地面，从上帝视角看，许多竞争似乎并没有存在的必要。

就像我们在朋友圈里看到别人的孩子因为获得了某个奖项而收获了许多点赞，我们也会有意识或者无意识地做点什么来默默地竞争。这是为什么呢？

事实上，造成人类产生胜负欲可不仅仅是由我们祖先带给我们的进化和生存压力，还有其他很多方面。

首先是社会地位。

社会地位是一个看得见的标尺，衡量着我们与他人的相对位置。社会地位似乎是资源、权力和影响力的直接源泉，成功带来地位的提升，地位的提升又反哺更大的成功。我们在各类竞争中去争一口气，争的是更高的一席之地。

其次，胜利有时是肯定自我、确认自身价值的工具。

人总是在搜寻属于自己的那片荣光，从一次次的胜利中寻找支撑自我认同的答案。你的擅长被世界认可了吗？你的才华得到了发光的机会了吗？每一个胜利都是对这些问题的肯定回答。自我验证成为了人们竞争的无声驱动力。在无数赛跑、跳跃，甚至是职场上的挥手投足中，人们用成绩书写着自己的独特故事。

最后，文化的推波助澜。我们在成长过程中被教导追求成功、获得第一和成为最佳。教育、媒体、家庭，无一不在传递着一个简单而明确的信息：胜利者值得赞美。电影中的英雄，历史上的伟人，他们的故事成为了我们儿时的摇篮曲，唱着成功的悦耳旋律。文化不仅仅为胜负欲塑造了一个舞台，更创造了一个鼓励我们去登上那个舞台的世界。

所有这些，但也不仅仅是这些，就构成了人类无法舍弃的胜负欲。

# 第三章
# 更好的传播渠道
# 才能引发更好的传播

要实现一次有效的干预，不仅需要高质量的内容，还需要同样出色的传播渠道，让信息能够引起共鸣并被广泛传播。就像是准备一场精心策划的演出，如果没有恰当的舞台和观众，再精彩的剧本也难以引起关注。

回首我们过去的工作经历，我们为客户制定了一场精心策划的干预活动。在活动开始之前，我们投入大量的时间对目标受众进行心理图式分析，并根据这些数据进行了周密的规划。为了确保活动的顺利进行，我们甚至制定了多套备用方案。

然而，当进入传播阶段时，我们面临了一个令人沮丧的现实。尽管我们具备了策略上的精心准备，但委托方却不愿在优质的种子传播者上投入必要的精力和资源。这让我们陷入了困境。无奈之下，我们只能借助自有的渠道资源进行信息推广。尽管我们尽力而为，但我们也深知，结果将远非我们所预期。

在审视过去的许多干预案例时，我们发现了一个共同的问题：即使内容本身极具吸引力，但因为缺乏有效的"启动动力源"，结果往往不尽如人意。很多人对干预营销抱有一个误解，认为只要内容质量过硬，就算是发布在一个只有寥寥数十位关注者的社交媒体账号上，也有可能引发广泛传播的蝴蝶效应。在互联网内容稀缺的早期，这种情况或许偶尔会发生。然而，在当今这个信息泛滥的时代，我们几乎不可能仅凭内容本身，就挑战人们根深蒂固的传播行为习惯。事实上，成功的干预营销案例表明，在传播的每一个环节中，都有一个或多个关键的"爆发点"——那些具有大量跟随者的"超级账号"。它们推动了信息传播的几何级扩散。

任何一次成功而完整的干预传播活动，必然离不开强有力的传播载体。我们可以从COVID-19疫情期间的"流调轨迹"中看到"超级传播者"——那些传染人数众多的个体所产生的影响。在大多数情况下，"超级传播者"并不是因为他们体内的病毒更具侵袭性，只是因为他们接触了更多的人。

由于互联网信息每天都在以惊人的速度增长，如果我们的信息没有找到一个有效的发布渠道，那么它很可能就像一粒沙子掉进了海洋，悄无声息地消失了。

这样的情况下，你可能会发现一个有趣的现象：那些具有较多用户关注的信息发布者，在进行干预营销后往往能取得更显著的效果，而那些从未见过的项目，则往往属于知名度较低的品牌和机构。

这种"强者愈强"的局面，使我们觉得成功的干预案例难以得见。然而实际上，每天都有成千上万的干预营销项目在发布之后很快就陷入困境。

在本章，我们就将深入探讨如何建立一个高效的干预传播通道。我们将分析如何结合内容的吸引力和传播手段的有效性，确保我们的信息不仅能够触达目标受众，还能在他们中间引起深远的共鸣。让我们一起打造能够激发广泛讨论和参与的干预活动，确保信息不只是发出去，更能被听见、传唱，进而形成意义深远的社会影响。

## 第一节　种子流量池的意义

有句话是这样说的：流量是一切生意的本质，无论线上还是线下。在这个已经完全互联网化的世界中，掌握了流量，就掌握了财富密码。

在流量增长的背后，心理与行为的干预技术扮演了至关重要的角色。它操纵着用户的内心欲望和情感，让一个个静默的用户变成积极的传播者。无论是激发用户的分享欲望，还是唤起他们的群体参与感，干预技术都能让流量增长的轮子加速转动。

然而，干预技术的根本是人，而且是对信息感兴趣的人。就像是你给一位素食主义者推荐牛排一样，如果我们的信息未能触达核心用户群，即便策略再高效，也无法发挥预期的效果。这就是为什么，对于初创的品牌和产品，建立一个种子流量池变得尤为重要。它引导我们的目光回到营销的起点：将策略与正确的人相连接，始于细微，致远于广大。

我们必须认识到，不论策略的设计多么高明，最终都要通过人的传播才能打开流量增长的大门。然而，对于知名度尚浅、难以立即引发广泛注意的初创品牌来说，这一门槛往往尤为难越。这时，种子流量池不仅是传播策略的支点，更是赢得市场关注的跳板。

## 什么是种子流量池

在干预策略中，种子流量池的概念至关重要。它引用于那些在产品或信息初期传播当中的首批用户群体，这些个体被勾选出来作为潜在的传播者和支持者。他们由于先期了解到产品信息，并愿意因自身兴趣或者能力去分享这些信息，进而成为被企业重点关注的对象。这群用户通常拥有较大的网络影响力和社交活跃性，或是对产品显示出浓厚的兴趣，因而，他们可以高效地将信息推广到更广泛的受众中、推动产品或信息的迅速传播、引爆市场、加速用户数的增长及品牌的知名度提升。

从严格意义上来讲，种子流量池就是一批忠实的种子传播者构成的流量池，他们的传播意图更积极，传播能力也更强。

在实际的网络营销活动中，种子流量池被视为极具价值的资源。因为借助这些核心用户间的推荐力量，可以使品牌或产品以更低的成本吸引更多的网上流量，实现品牌的聚集和放大。获得这些种子用户的方法多种多样，包括提供专属的访问权限、邀请进行内部测试、借助影响力人物进行推广和提供分享激励等方式。Dropbox案例正是通过构建和优化种子流量池，实现了用户增长的飞速跃升。

理想中的种子用户是立即被新信息或新产品所吸引，并迅速转变成品牌的狂热用户和传播者。他们不仅自己热爱产品，同时由于具备广泛的人脉网，拥有着不容小觑的社交媒体影响力。

众多案例中，Facemash是通过种子流量池迅速获得用户增长的成功案例之一。或许你未曾听说过Facemash，但Facebook的名字肯定为你所熟知。Facemash正是Facebook的前身，马克·扎克伯格飞跃的起点。

2003年10月，扎克伯格在哈佛大学宿舍里创建了Facemash，这一网站让用户对比两张学生照片，并为之打分。尽管从技术上讲Facemash非常简陋，而且扎克伯格为获取这些学生照片的方式也不怎么体面：他通过入侵学校系统，非法获取了大量女生的照片，并以此为基础让同学们参与评分。

据《社交网络》这部描绘本事件的电影所示，从扎克伯格萌生构想到网站正式上线，历时不到6小时。网站在凌晨2:30上线后的90分钟内，超大的流量导致了哈佛大学校园网崩溃，并迅速引起了校方的注意。

这场闹剧随即被校方制止，扎克伯格也因此受到处罚。即便是在2003年的互联网环境下，Facemash所取得的成就——几小时内搞垮哈佛校园网依然堪称流量增长史上的一个奇迹。

也许扎克伯格在设计Facemash时并未刻意考虑谁会成为他的首批种子用户，但该产品只在哈佛内网发布，在一定程度上形成了一个理想的种子用户池。这个由校内学生构成的群体高度互联、社交活跃。考虑到内容与其日常生活和社交圈紧密相连，一旦有趣的内容出现，传播的速度自然非常快，使得学生迅速开始使用并分享该网站。

另外，Facemash能够迅速流行的一个重要因素是争议性话题的吸引力。人们对评价他人的外貌感到兴趣，而评价谁更有魅力的话题更是容易引发他们的好奇心，尤其是当被评价对象是自己周边的同学时。

当然，能够让学生们（尤其是男学生）趋之若鹜的，还有他们在遇到如此新奇的网站时，希望立刻传播给别人，以此获得自己社交价值的推动力：我知道了有这样一个有趣的网站，我肯定会非常兴奋地将它推荐给同学，为什么不呢？这一定会让我在朋友当中显得很酷。

就是这种好奇心的探索和炫耀式的自我呈现，让Facemash上线几个小时就流量爆发，如果不是因为它涉及的内容已经到了侵犯隐私的地步，它很可能会在一夜之间成为全美最流行的网站。

Facemash从爆发到消失已经过去二十年了，但它一夜爆发的核心策略过时了吗？不，不但没有过时，而且后续很多强关系链的社交产品中，这样的模式都产生了爆发式效应。如果你有兴趣，可以搜索一下Facemash，你就会发现：有太多类似模式的产品也都获得了非常好的流量暴增。

当然，大部分也因为获得用户资料的手段不怎么光明磊落而折戟沉沙，甚至有些开发者因此锒铛入狱。

## 从一个案例剖析种子流量池

选择正确的种子用户多么重要！

如果说干预技术能够让流量暴增的可能性为50%，那么正确的种子流量池会弥补另外的50%。两者相加，我们打造一款爆发性的产品将指日可待。

但遗憾的是，似乎有大部分策划者在建立种子流量池这件事上只做到了"照猫画虎"，并没有完全根据自己产品的特点寻找属于自己的种子用户。这让种子用户的获取不仅很难，而且质量普遍不高。

如果你深谙干预技术，这件事就不会像想象的那么难。中国古代经典《大学》中曾说："致知在格物，物格而后知至"，我们可以通过一个案例分析来找到那些成功的互联网产品到底做对了什么，以此产生我们可以利用的干预手段。

1997年7月，Chiat\Day广告公司的创意总监李·克劳正驾车行驶于洛杉矶，此刻，苹果公司创始人史蒂芬·乔布斯打来电话。他告诉李·克劳，时任苹果CEO的阿梅里奥刚刚离职，而他们现在正在筛选新的广告代理商。自此，苹果公司的传奇广告Think Different开始酝酿。

Think Different的直译是"不同凡响"，而在该广告片中，苹果公司将其翻译为"致敬疯狂者"。在当时的计算机广告大肆宣扬自身的性能、参数的时代，乔布斯和李·克劳以及他的同事们，共同创作了那一段惊世骇俗的广告语：

"向那些疯狂的家伙们致敬。他们特立独行。他们桀骜不驯。他们惹是生非。他们格格不入。他们不会人云亦云。他们不喜欢墨守成规。他们也不安于现状。你可以认同他们，反对他们，颂扬或是诋毁他们。但唯独不能漠视他们。因为他们改变了寻常事物。他们推动人类向前迈进。或许他们是别人眼里的疯子，但他们却是我们眼中的天才。因为只有那些疯狂到以为自己能够改变世界的人，才能真正改变世界。"

这段广告词最独特之处在于，它纯粹地只是传达一种精神，从头到尾并未含有任何有关苹果产品的信息，甚至在广告的大部分画面里，都没有任何产品的出现，除了结尾处的苹果公司的标志和"Think Different"字样。而广告中的配图，则是爱因斯坦、甘地、列侬、迪伦、毕加索、爱迪生、卓别林、马丁·路德·金等大家熟悉的脸孔，这些或许容易被认出的历史人物都是对非凡勇气的赞颂。

这一活动以其别具一格的广告内容和策略，使苹果公司的品牌在高度同质化的市场中脱颖而出，深深植根于人们心中。突出了历史上伟大的思想家、艺术家和科学家们的形象，将苹果公司的品牌与独特性、创新和改变世界的能力紧密关联起来。这段广告播出之后，迅速引起了大量的讨论，一时之间苹果公司的所有在售产品都被一抢而空。更重要的是，这些收看过广告的人当中，出现了许多在多年之后依然"皈依"于苹果旗下的忠实粉丝。

是什么让那些看过广告的人趋之若鹜？又是什么让人们因为这段广告变成了苹果的"死忠"？要了解这段广告为什么能达到如此美妙的效果，首先要从人们是如何理解和接受一段广告来进行分析。

当人们首次接触一条新信息，到最终将其内化成为坚定的拥趸，这个过程包含了几个阶段：首先，把注意力转向这条信息；接着，去理解这个信息的含义；然后，开始对这条信息产生信任，信任产生后，大脑开始记忆这条信息；之后，信息激发起具体的行动；最后，这些行动反过来加强了对这条信息的认同感。

我们可以用Think Different广告来解释这个流程。

一位想要购买一台新计算机的年轻人，我们叫他艾文，最近在诸多计算机广告的冲击下疲惫不堪。尽管他已经了解了不少关于计算机硬件的专业知识，并且知道自己应该选配什么样的计算机，但五花八门的品牌让他有了选择困难症，并一直举棋不定。

艾文的这种状况很容易被理解。人类心理有一个非常奇妙的特质：当人们面对较少的选择时，人们可能对最终的选择更加满意；如果在信息过载的情况下，面对琳琅满目的商品做出选择，那么他们很可能会对做出的选择后悔，就像社会心理学家戴维·迈尔斯所说："在从星巴克1900种商品组合或者超市4000种产品中进行选择时，你可能对自己的选择更加不满意，甚至更倾向回家吃冰箱里的冰淇淋。"

而我们需要的种子用户可不是因为过度选择而怨声载道的人们，真正的种子用户不但不会后悔他的选择，更可能愿意成为我们的优秀传播者。所以我们要尽量减少用户可选择的范围，才能让后面的步骤变得更加顺利。

　　Think Different广告恰好就是一个特立独行的例子。20世纪90年代，所有的电子产品都在用参数来证明自己的先进性。但说到底，谁能明白9650和9680的显卡到底有什么区别？在嘈杂的信息噪音中，人们开始越来越难以选择，直到Think Different的出现。

　　Think Different广告没有展示任何具体的产品特性，反而突出了一种抽象的理念，即思考和行动的不同寻常。这种不同于常规的策略让苹果在人们心中显得与众不同。

　　1933年，前苏联心理学家冯·莱斯托夫指出：相对于普通的事物，与众不同的事物更容易引发人们的关注和好感，由此，"冯·莱斯托夫效应"出现。乔布斯和李·克劳成功地应用了该效应，并成功地获取了大众的眼球。

　　我们之前提到的Facemash案例在极短时间内饱受关注，同样也是基于冯·莱斯托夫效应。

　　在成功吸引了人们的注意力后，Think Different开始试图让人们理解广告的内容。Think Different从始至终都没有提到任何一句关于其产品的优越特性，反而将人们更能理解的"特立独行"精神不断地叠加宣扬。在美国这个崇尚个人英雄主义的国家，当然会有无数人对爱因斯坦、甘地、列侬、迪伦、毕加索、爱迪生、卓别林、马丁·路德·金这些人所代表的一切痴迷地追随。广告中那句"只有那些疯狂到以为自己能够改变世界的人，才能真正改变世界"更让人们了解，购买苹果公司的产品并非只是解决自己实际的需求，更重要的是为了实现更大的梦想。在这种情况下，人们对于产品的理解从参数升华到了人生价值，人们开始把"改变世界"和购买苹果公司的产品两者之间建立了联系。

　　接下来，人们的信息加工过程进入信任环节。不可否认的是，1997年的苹果公司已经拥有非常高的知名度，加上乔布斯的回归，人们对于苹果公司的信任更是呈几何倍数的叠加。没有人会不相信苹果公司所宣扬的价值观，这可不同于大部分现代企业的"画饼充饥"，广告传达的信息与乔布斯以及苹果公司长期坚持的创新精神和非凡理念相符合，人们看到一个品牌前后信息一致，更容易信服并持续跟随该品牌。

这不是全部，之所以人们通过Think Different更加相信苹果公司，还因为这条广告本身通过解说词和画面干预了人们的信任度。

首先，广告中展示的是一系列伟大的历史人物，这些人被广泛认为是创新者、反叛者和领袖。通过与这些改变世界的人物建立联系，苹果品牌产品被附加上了相似的社会认同和地位，激发人们模仿这些杰出人物的渴望。

其次，人们容易被有力的叙述所感染。当这段广告以一种几乎是宣言的形式表达其品牌理念时，它建立了一种团结感，让消费者觉得自己是属于那些勇于改变世界的人群的一部分。

其三，广告把感性的价值观与理性的产品选择结合起来。通过赋予产品更深层次的情感价值，人们开始相信使用苹果公司的产品可以帮助他们表达个人的同情心和理想主义。

最后，广告所传达的"疯狂到相信自己能够改变世界"的信息，激励人们认为他们可以采取行动并对自我有积极影响，从而提高消费者使用苹果产品后对自身能力的信心。

如此特别的信息和鼓舞人心的内容，自然很容易被人们记住，这同样也可以用冯·莱斯托夫效应来解释，而且乔布斯和李·克劳之所以设计这样的内容，就是为了达到让人们感受到新奇，并快速记住它。

于是人们开始购买，而首批购买的人，自然就成为了苹果公司的种子用户，尽管苹果公司在彼时已经名扬四海，但正因为其不断的迭代性和较长的历史周期，他们需要不断地更迭自己的种子用户。

对于大部分广告来说，到达成交这一步，就已经算是大功告成。我们之所以讨论Think Different案例，就是为了证明这是一次优秀的种子流量池建立，而且Think Different出现的初衷也是为了让购买者成为忠实的拥趸，所以这并不是结束。

在人类的认识体系中，有两个非常重要的概念：一致性和自我效能。一致性是指人们在进行某种行为时，可能会发生行为本身和自己的价值观、态度不符的情况。

例如我今天出门时遇到了一位老人因为地滑而摔倒，但当时我正在赶时间，而且看到附近已经有人走向他身边，我可能就此匆匆离开。但在离开之后我开始后悔，我认为这和我之前所受的教育以及我一直的态度有悖，并且担心一旦我看到的那个人也没有帮助他怎么办。为了能够消除内心的这种不适应，我很可能掉头回去帮助他，就算没有掉头，那么当天我做一些善事的概率就会大大增加，以消除我心中的不适应。

自我效能是一种对自我能力的认知，是人们对自己是否能够成功地进行某一成就行为的主观判断。一般来说，成功的次数越多，自我效能就会越高；失败的次数越多，自我效能就会越低。而外界因素在很多时候可以影响自我效能，鼓励人们对自己说"我能"。

由于Think Different广告而购买了苹果公司产品的人们，就因为购买行为本身和对广告的感知，出现了这两种情绪。

首先，人们是由于Think Different广告被打动而购买苹果公司产品的，那么"改变世界"这个态度就因为购买了苹果公司产品而持续深入；另外，那句"或许他们是别人眼里的疯子，但他们却是我们眼中的天才"大大地刺激了人们的自我效能提升。他们可能会把"别人笑我太疯癫，我笑他人看不穿"当作自己的座右铭，并更加努力地向着"改变世界"而努力。

但这种努力可不仅仅是给自己看的，他更加希望自己的行为和态度引起别人的共鸣和认可。就像我们今天看到那些在朋友圈及各种社交媒体发健身、学习照片的人一样，努力的过程并非孤芳自赏，有他人的支持和同行才会变得更有意义。

于是购买后的传播就此发生，而苹果新一批的种子传播者也就此诞生。

## 第二节　干预人们成为种子传播者

百度百科对于"拥趸"的解释是拥护者、支持者。

关于这个解释，就不能单单从信息的触达来理解。一条信息能让一个人成为拥趸，它必须有吸引这个人的要素。只有这个要素存在，那这个人才有可能成为某个信息或者产品的拥护者、支持者。

什么是促使人们成为拥趸的重要因素？我们需要通过哪些要素干预，才能促使人们成为我们信息和产品的拥趸？

笔者把这些要素总结成为了四类，包括归属需求、社会认同、期望回报和内在动机。以下，我们分别来讨论它们是如何影响用户的行为动力的。

## 通过归属需求进行干预

归属需求（Need for Belonging）是亚伯拉罕·马斯洛（Abraham Maslow）所提出的人类基本需求理论中的一个核心概念。根据马斯洛的需求层次理论，归属需求位于安全需求之上，是人们追求社会联系和情感关系的内在动机。归属需求强烈影响着人们的行为和决策，这在用户决定是否成为互联网产品的种子用户时也发挥着作用。

1983年，知名摩托车品牌哈雷戴维森缔造了哈雷车友会（Harley Owners Group，H.O.G.），这是一个专为哈雷摩托车车主打造的俱乐部。经过多年的扩展，哈雷车友会已经在全球逾百国家和地区开设了1400多个分支，涌入了数百万会员，形成了一个摩托车文化的世界性社群。

从一开始，哈雷车友会就不仅仅追求作为车主们沟通的平台，它的愿景是成为一个文化的聚集地，推动一场意义深远、标志性的文化运动。与众多互联网产品提倡的社群文化构建相比，哈雷车友会不仅口头上承诺，更是付诸实际行动。

1987年5月，在美国的阵亡将士纪念日，哈雷车友会组织了首次"滚雷行动"大型游行。这项活动如今已发展成为一项巨大的集会，成为美国显著的爱国主义活动之一。每年，"滚雷行动"吸引了超过50万摩托车爱好者到华盛顿特区齐聚一堂，参与者不仅限于哈雷车主，还包括其他品牌的骑士们。

哈雷车友会各地分会也在积极地开展各式各样的社会活动。以反霸凌机车联盟为例，其成员们齐心协力，共同守护本地区的孩子们免受校园暴力的威胁。这个组织中看似凶悍的会员们，实际上正发挥着他们的热心肠，秉持正义。该联盟已在9个国家聚集了超过3000名会员。虽然他们的外表或许令人生畏，但这些会员们每天都在致力于护卫受到欺凌的孩童，助他们重获自由安宁的校园生活。

类似这样的例子不胜枚举，哈雷车友会不仅提供给车主们骑行活动、组织集会和杂志购买等服务，更重要的是，它提供了一个环境，使哈雷爱好者们能够团结在一起，分享他们对哈雷文化的热爱，从而满足了他们的社交需求和归属感。会员们不仅因拥有哈雷摩托车而感到自豪，而且还因为成为了这个特别社区的一员而感到自豪。哈雷戴维森通过哈雷车友会成功地利用了归属需求，在消费者之间建立了深厚的情感连接，将顾客转化为品牌大使。

可以看到，干预人们通过归属感成为种子传播者的重要因素是产品提供的服务是否真正形成了一种文化，没有人会为一款普通的商品着迷，除非它背后有着让人引以为傲的圈子和文化。

事实上在商业社会中，成功建立了文化，让人们开始出现归属感的品牌非常多。当一个产品能够提供一个社群或者群体，用户可以通过加入这个群体来满足自身的归属感。成为种子用户意味着他们可能是此社群的早期成员，这样可以使他们感到特别和重要。他们享受在社区中与志趣相投的人一起互相帮助、分享知识和经验，甚至一起去做很酷的事，这都是他们忠诚于品牌的重要原因。

## 通过社会认同进行干预

如果什么产品能够让人们感知到社会认同的提升，那它大概率会成功。

2023年4月18日，美国的音频社交的知名公司软件Clubhouse以275亿元人民币的企业估值入选《2023·胡润全球独角兽榜》，位列第207名。此刻，距离它诞生仅仅三年。

Clubhouse的成功，和它创新的交流形式息息相关，然而使它真正起飞的，是Clubhouse的团队策划精明地运用了社会认同的心理原理，在网络世界中创造了一种新的社交地位象征。

在Clubhouse启动初期，应用程序仅向硅谷的精英和社交名人开放，形成了一个高端的邀请制社交圈。这种专属感迅速激发了社交市场的巨大兴趣，使得成为Clubhouse种子用户变成了一种身份的标志。

2021年1月，马斯克在推特上宣布他将在Clubhouse发表演讲（事实上马斯克只是在那里开了一间聊天室），于是这一消息立即在社交媒体上引起了轰动。成千上万的用户纷纷在网上求助，希望获取那枚稀缺的邀请码。这一事件进一步放大了Clubhouse的影响力，它不仅仅是因为名人效应，更因为用户渴望在这个特别的网络空间里占有一席之地，以此来验证他们的社交身份和地位。

Clubhouse通过邀请制度实现了流量的自然滚雪球效应。每一个满足社会认同的新进用户，都成为了另一个潜在用户想要加入的理由。随着用户基数的增长，人们不断分享自己的体验，加上媒体的持续关注，Clubhouse渐渐构建起了一个强大的种子流量池。

这样的干预策略取得了显著效果。

据媒体的报道，Clubhouse从2021年1月的200万用户迅猛增长到了2月底的1000万用户，成为互联网上最炙手可热的话题之一。而《纽约时报》和*TechCrunch*等权威媒体的报道，也为Clubhouse在社交应用的竞争激烈市场中成功取得一席之地提供了进一步的帮助。

Clubhouse的案例展示了社交认同在当代互联网产品中的强大作用，它不仅创造了一种全新的交流方式，更在心理层面满足了用户的社交需求。通过激活用户的呈现欲，Clubhouse让每个用户都成了传播者，通过他们的努力，这款聊天应用实现了爆发式的增长。

这就是社会认同的威力。它仅仅是人们对于自己社会身份的一种炫耀吗？不，至少不全是。社会认同的主要意义是指一个人对他是谁的定义，包括个人属性和与其他人共同拥有的属性。例如，我是中国人，他是美国人；例如，他是商业精英人士，我是一位老师。

人们通过一些社会标签和符号来增加自己的社会群体属性，而Clubhouse的"高端"机制恰恰迎合了这种需求。

那么人们为什么会如此看重自己的群体属性和社会认同呢？

假设，我现在隶属于某个都是"成功人士"的圈子，那么这个圈子的标签就可能让我看上去更加可信或者更加不可信。因为在社会交往中，获得某个人的信息很可能是有限的或难以获得。在这种情况下，观察我的外部标签可能是获取有效信息的最佳途径。如果对方看到我属于某个知名的圈子，那么根据代表性启发式思维，我很可能是安全的、有价值的。对方利用对群体的信任而减少了对我做出错误判断的风险。

此外，别人判断我是否真正成功很可能和我所在的群体相关。假设我现在属于Clubhouse的早期用户，而媒体又大肆宣扬Clubhouse属于一个高端的私密圈子，那么可能我也是成功的。这在进化心理学上有相同的适应性：早期人类生活在紧密联系的社会群体中，个体的成功往往与群体的接受度和地位相关。对于一个需要群体协作的狩猎采集社会而言，符合群体规范和行为模式有助于个体维持社会联系和相互支持的关系，这可能有助于提高生存机会。

甚至还有一个很特别的原因：在生物学里，能够展现与高地位个体相似的行为可能会提高个体在配偶选择中的吸引力。表现出某人身处某个让人羡慕的群体，可能意味着他也共享类似的优秀品质或资源，这对于潜在的配偶而言可能是一个积极信号。

瞧，这就是人们为什么会如此刻意地追求社会标签的主要原因，如果拥有某些积极的标签，就可以获得更多的社会资源，甚至形成马太效应。

事实上，Clubhouse的早期种子用户分为两部分，一部分是真正的硅谷大佬，另外一部分则是非常普通的用户。这些普通用户会从一些"神秘"的渠道获得邀请码，进而进入Clubhouse。在这种游戏规则下，硅谷大佬扮演着成功者的角色，同时提高Clubhouse的社区质量，普通用户则将加入社区的优越感展现出来。加上马斯克这位超级大佬"随手"之举，Clubhouse的邀请码顿时成为了最炙手可热的产品。

通过社会认同进行干预的本质是，你的产品是什么，能不能让用户感觉到自己价值的提升，是否会让用户感觉到加入这里就实现了"阶级

提升"，如果有，那你就很容易找到你的第一批种子用户，并利用他们的
"炫耀"完成流量暴增的第一步。

当然，Clubhouse迄今为止依然没有让邀请码体系被滥用，这也是它
快速成长的核心原因。

## 通过期望获得回报进行干预

人类在大部分时候会盘算自己的得失，尤其在打算付出资源之前。在
经济学中，这种行为被称为成本收益分析。

人们总是会算算自己投入了多少，获得了多少。这种状况不仅仅是在
商业社会出现，就连与别人之间的交往和互助都可能被计算收支状况：我
帮了他，我能得到什么？如果没有短期利益，有没有长期利益？……

是的，人性的确很自私，但如同我们在前文所说，如果没有这种自私
的基因，那么人类也很可能不会是这颗蓝色星球的霸主。

人们在进行某个行为时，期待的回报五花八门。但就成为某个品牌、
产品或者信息的种子用户来说，大概有三种较高比例的需求：物质奖励、
个人成就和充实感，以及独特且领先的特权。

1998年12月，PayPal上线。作为一款支付工具，PayPal首先要解决的
就是信任问题，谁会对一款不知名的支付产品有那么多的信任呢，毕竟那
是直接牵扯到钱的操作。

PayPal的策划者很清楚，信任这种东西会随着用户量的增加越来越
大，而且后面博取用户信任的难度也会越来越低（这是因为人们具有从众
的心理），但摆在他们面前的困难是，如何让第一批用户信任他们。

他们想到了利益的诱惑。

为了吸引新用户，PayPal提出了现金奖励计划：给新注册的用户和推荐人
各提供10美元的奖励。也就是说，假设我是一位PayPal的用户，我发送了一个
链接给我的朋友，那么他注册成功后，他和我的账户里都会多出10美元。

这个计划提出后不久，PayPal的流量开始猛增。原因非常简单：假设我是相信PayPal的，我把注册链接发给了我的朋友，并且请他帮忙注册，注册后账户里就会有10美元。我的朋友不相信PayPal，但是他相信我，于是慷慨地花费时间注册了该链接。注册后他发现，他的账户里果然有10美元，而且这10美元果然可以随意消费。这让他兴奋不已，盘算着可能会因此而发家致富。于是他也开始利用他自己的推广链接帮助PayPal寻找更多的注册用户。如此往复，PayPal迅速在短期内获得了大量的用户。

PayPal的这一策略被认为是早期互联网时期最成功的增长黑客案例之一。当用户总数到达一定阈值时，PayPal减少了对直接现金激励的依赖，转而侧重于打造可靠的支付平台，并通过增加功能和服务质量来保持用户忠诚度。2002年，PayPal在纳斯达克首次上市，随后被eBay收购。

在PayPal做法获得大规模成功后，无数的互联网商家开始纷纷效仿这类方法进行流量增长。读者还记得当年"滴滴"的补贴之战吗？从车主，到乘客，补贴总额超过20亿元人民币。但也因为不断的补贴，滴滴快速占领了打车市场，成为国内最大的出行服务公司。

但是经济补贴依然有其弊端：因为用户希望获得经济利益，是完全出于外部因素才形成的动机。如果说某个App今天给了我补贴，但是明天就没有了，那很难形成用户习惯，反而催生一大批"薅羊毛"用户的诞生。滴滴和PayPal之所以成功，并不是单次奖励用户就获得的，而是在不断的外部因素刺激下，逐步地让用户形成消费习惯，再逐渐地减少补贴。一旦有一天补贴断了，而另外一家竞争对手开始用同样的方式开始补贴，那么许多用户就有可能就此转头。现实中这样的案例比比皆是。

类似于PayPal的支付"后起之秀"虽然也利用了类似的模式推广，却没有撼动PayPal的霸主地位，这主要是由于用户在PayPal不仅仅养成了支付习惯，甚至因为大量数据的保留，他们对PayPal更加信任。这种信任是具备不可替代性的，而类似的不可替代性在打车软件上却难以复制，无论是哪一款打车软件，只需要让我方便、快捷、低价、安全地打到车就可以，谁在乎它是谁呢？

为了规避这种情况，另外一些利用用户期望获得回报的产品采用了另外一种方式：他们让用户获得的不再是金钱这种外部因素，而是个人成就、充实感等类型的内部因素。

2014年11月，Dubsmash在德国上线。一周之后它就成为了德国App Store的榜首应用。在之后的一段时间内，它又在其他26个国家上线，并在不到一个月的时间内，纷纷占据这些国家App Store的榜首。

Dubsmash是谁？也许你并不了解。严格来说，国内的小咖秀、抖音，都是Dubsmash的后辈。用户可以在Dubsmash上浏览丰富的音频库，选择他们喜欢的片段，然后录制一个10秒钟的视频，把自己的动作、表情与所选的声音同步。完成后，用户可能将这些视频在其他社交平台上与朋友分享，因为Dubsmash并没有社区功能。

开发一个社区功能很复杂吗？不，并不复杂。开源社区上社区功能的代码漫天飞舞，没有上千也有几百，就Dubsmash本身的开发实力来说，开发一个自有的社区当然不在话下，既然是这样，那么不开发自有社区的行为便是有意而为之。

是的，Dubsmash的目的确实是为了刺激用户将内容分享。

人们天生是钟爱娱乐的，有这样一句话："娱乐的方式有两种：一种是我为你们提供娱乐，一种是你们自己动手。"Dubsmash里面的音频内容是专业的（PGC），而拍摄出的视频内容却是自己的（UGC）。Dubsmash不但提供了音频内容，甚至连怎么表演的剧本都提供给了用户。用户甚至不用担心表演恐惧症，因为整个视频的时长只有10秒钟，等你发现自己尴尬，视频已经结束拍摄。

在分享阶段，Dubsmash的干预策略表现得更为明显。在视频渲染结束后，分享界面上除"分享"按钮，即通过WhatsApp、Facebook Messenge和短信分享就只有一个"将视频保存到本地"按钮。这可不是Dubsmash不愿意在公开的社交媒体上获得更多曝光，而是他们发现，公开的社交媒体信息噪音更大，竞争也更激烈。如果希望某个用户的传播快速引起反响，那么强关系链也就是朋友、亲人、同学之间的传播最有效。

显然，Dubsmash赌赢了，一周时间冲击德国App Store的榜首正是因为这种对传播影响力彻底了解的表现。

事实上在许多情况下，人们在希望获得成就感回报时，他们自己在乎的人给予的回报，感觉会比陌生人给予的回报高很多。例如你考试得了100分，一个你不认识的同学对你的夸赞和你父母、老师对你的夸赞哪一个让你更开心？强关系链的传播正是基于这种情况所设计的。

此外，人们会更加关注自己认识的人所分享的消息，尤其与该信息一对一发布时，于是那些视频的接收者会更加认真地观看视频，并给予更积极的反馈。例如"太棒了！你是怎么做到的？"，这样的反馈不但会让原始的发布者更积极地去寻找更多的音频制作内容，也会让接收视频的好友因为自己的这段夸奖，下载Dubsmash试试。这和心理学中的"态度行为一致性"具有极高的适应性。

类似的例子还有很多，跟风者也为数不少。但真正能够达到Dubsmash爆发式效果的却并不常见。

国内有一款唱歌App。在该App上架之初，因为其便捷性和海量的版权伴奏库，在国内大获成功。但是随着其他通过更简单的方式就能促使用户获得个人成就感的App上架，这款唱歌App的发展进入瓶颈期。

假设我唱歌的水平一般（事实上也的确如此），当我首次听到我的朋友在该App中的歌声时我一定会非常惊讶，并且希望自己也能录制一段好听的歌。但在我花费了一个多小时，好不容易顺利演唱，并且精修之后，却发现我自己的水平似乎和朋友之间相去甚远。我以为是修音的问题，于是唱了第二次、第三次。直到最后，我发现出现问题的不是App本身，而是我的嗓子。

于是我不想分享了，并且在搁置了那个App一段时间后，在某次清理手机的过程中删掉了它。

　　同样是UGC，为什么会有如此大的差距？答案可能是"可以达成成就的容易度"。

　　Dubsmash提供了仅仅10秒钟的音频文件，但是为了让用户更加方便地创作，还为表演给出了完整的脚本。如果你是一位没有什么艺术细胞的用户，照本宣科地完成10秒钟表演几乎没有什么难度，而如果你是位很有才华的演员，那么10秒钟也会让你将演技体现得淋漓尽致。

　　但是唱歌App就不一样了。首先，我得确保自己有一个还能听得下去的嗓音。如果从小就有人笑话我五音不全，那么我很可能不会成为该App的用户，甚至听到我的朋友分享给我的歌声，我也会不为所动。其次，就算是我唱歌还能入耳，完整地唱一首歌，修音也至少需要半个多小时。而我的听众需要花费和歌曲同等长度的时间来听我唱歌，我很难确保他们是不是会有这样的耐心。

　　综合起来就是，我花费了很多心思，却只得到了一丝回报。长此以往，我自然不愿意再从这里寻找个人成就。

　　这便是人性的贪婪和懒惰之处：人们总是想要最多的回报，却总不愿意付出更多的努力。和这款唱歌App相比，Dubsmash更加了解人性，更加了解干预的意义。

　　少量的付出和快速、高频的回报总是会让人对某种事物着迷，甚至上瘾。如果仔细观察，你就会发现许多高黏度的互联网平台在产品设计、运营思路、推广策略上，都透着让人欲罢不能的属性。成瘾机制是一把双刃剑，可以通过良好的引导让用户和平台双丰收，也可能损害用户的长远利益，因此在这里不展开讨论。

## ▌通过人们的内在动机进行干预

　　如果需要列举一些国内通过干预人们内在动机而大获成功的案例的话，MIUI一定首当其冲。

2010年8月16日，小米公司发布了其第一个Android操作系统定制版MIUI。让当时所有人都没想到的是，小米公司将初代MIUI的开机画面设置成100个名字，而这些名字正是小米公司在各社区寻找到的、为他们提供了许多意见的种子用户。小米给这个群体起了一个特别的称呼：100个梦想赞助商。

这简直是一次伟大的干预创新！MIUI用一个无比精妙的策划来迎合用户内在动机的激励，让它在用户心中瞬间建立了一个非常坚固和正面的形象。100位梦想赞助商开始更加努力地帮助MIUI提出各种意见，因为他们知道，他们可以直接将自己的想法融入产品的改良中去。这种参与感让他们觉得自己的行为具有主导权和重要性。他们不再是被动接受者，而变成了能够主动塑造产品的一部分，这种自由表达的空间正是他们追求的。

产品升级后，用户看到自己的意见被采纳，并且真实地转化为产品功能时，无疑会觉得极为满足。这种感觉就像是他们的技能和努力被认可了，他们在这个过程中的影响力和成就感得到了极大的提升。

这些得到"梦想赞助商"称号的种子用户，自然会感到他们被小米社区特别认同，拥有了与众不同的身份。当人们感受到这样的尊重和认可时，他们与社区和品牌之间的联系就更加紧密，这种凝聚力是任何市场营销策略都难以忽视的。

小米通过这项计划精心设计了一种环境，既让用户得到了心理上的满足，也使得产品持续创新，并在竞争激烈的市场中脱颖而出。

很快，小米公司搭建的MIUI社区因为"100个梦想赞助商"的故事而吸引了一大批技术爱好者和软件开发者。此时，MIUI团队更积极地与用户社区互动，他们每天都在论坛上与热心的发烧友进行深入的交流，耐心地解答他们的问题，同时也热切地征求他们的意见和建议。每当团队发布新的功能，他们会立即收集用户的反馈和吐槽，将其作为优化和迭代的宝贵参考，努力以更快的速度进行改进和更新。社区中的用户满怀激情地将自己的见解和期望贡献出来，这使得产品开发不再是单向的输出，而变成了一个用户深度参与的过程。

在这种大量收集意见的情况下，MIUI每周都有新的版本更新亮相，每周五的"橙色星期五"是MIUI的新版本发布日，这不仅是对技术迭代的不懈追求，也是对用户反馈的极速回应。5年时间，MIUI发布了249个版本，这种持之以恒的更新策略，不断激发着用户的参与热情，使他们觉得自己是产品进步的见证者，也是推动者，用户发现不满意，马上就会在社区反馈，而这些反馈意见可能最快一周内就会被改善。当用户看到自己的意见被采纳，给成千上万的人带来改变，内心顿时获得了极大的满足感。他们甚至开始更加愿意将这段自己和MIUI的故事分享给更多人，在这种良性循环下，小米形成了一个紧密而忠实的用户社群，也拥有了自己最好的种子流量池。时至今日，我们可以笃定地说：今天小米这栋摩天大楼的根基，就是当年那些在MIUI社区上把自己当作小米一员的社区用户们。

现在，我们可以从干预策略的角度一窥小米成功的秘密。

参与和见证互联网产品从雏形到成熟的过程往往给用户带来一种独特的满足感。MIUI的早期用户不仅能够帮助传播和完善产品，也获得了属于自己的成就感，这是一种内心深处的快乐。当他们发现自己的建议被采纳，并被大众使用，成功的体验会增强他们对自我的信心。这种自我效能感让他们从内心感到愉悦，也鼓励他们继续探索产品的更多可能，甚至乐于与他人分享自己的使用心得。

尤其是那些成为产品早期体验者的用户，会有一种自己对产品方向有重要影响的感觉。通过为产品提供及时的反馈或建议，在决策过程中发挥作用，他们得到了实质性的掌控感。这种感觉深深激发了他们的参与热情。

更进一步，当产品因为用户的推动取得成功时，这种深入参与的经历，特别是其对个人价值的印证，成为用户的内在奖励，并填满了他们心中的满足感和充实感。

除了这些，兴趣和激情也不容小觑。MIUI的"米粉"因为热爱而自发地成为产品的支持者。这些由个人兴趣所引导的种子用户，对产品拥有更深层次的理解，并愿意在蓬勃发展的初期为产品提供宝贵的反馈和支持。在这样的生态中，产品的成长受益于用户的支持，而用户的满足来自于对产品的贡献与成就。这种相互成就的美妙循环，塑造了互联网产品独有的发展态势。

要在产品发展中干预人们的内在动机以达到增长的目的，关键在于创造一种环境，让用户通过实际参与来实现个人的成长和满足。当用户开始深入接触到产品的研发，他们面对的就不仅仅是产品本身，而是扑面而来的荣誉感。这份参与感让他们的动机从内心涌现，化为对产品的忠诚和推动力。

此外，漫步在产品使用的每一个角落，用户都应该能随时随地找到自己的影子。当他们对产品提出的反馈被采纳，或者在使用中获得了圆满的体验，他们体验到的是胜任感的滋养。这样的效能感触动他们的内心，让他们有了继续参与的冲动。

产品的每一次更新、每一个转变，都不该将用户置于旁观者的位置。让用户意识到，正是他们的早期反馈铺就了产品的发展道路，这种掌控感正是挑动他们内在动机的关键。

正如MIUI生动展现的那样，一个产品的兴盛不仅仅是一连串功能的升级，更是深深扎根于用户内心的动机和情感的反映。

要记住：产品的发展需要技术的更迭，但技术并不是最重要的，心更重要。

## 第三节　什么才是最好的渠道

在撰写本部分内容之前，笔者和一些借助短视频进行产品推广，或者自己独立做短视频账号的人们做了几次调研。几乎非常统一的一个话题就是，现在想要新做一个短视频账号，并且获得更多关注者已经是非常困难的事了。

随着短视频用户数量的瓶颈期到达，平台上的内容也变得更加丰富和多元化。根据相关机构的数据，截至2023年9月，中国最大的短视频平台——抖音已经拥有日活用户7.51亿。这一方面向用户提供了更多的选择，但另一方面，也意味着竞争更加激烈了。因此，相对而言，新账号或小账号想要增长粉丝数量会变得更困难。

那么抖音现在还是一个很好的渠道吗？它当然是，但也不是。

作为一个拥有海量日活用户的平台，你可以在上面找到任何和你要传播的信息、要宣传推广的产品目标契合的用户，从这个角度来说，"海纳百川"就是它能够被称为好渠道的重要原因。

但与此同时，随着越来越多的用户及创作者的加入，特定领域的内容几乎已经饱和，新内容想要"零基础"脱颖而出异常困难。而其他发布者所提供整体内容的制作的水平也在提升，高质量的内容逐渐成为涨粉的基本要求。简单来说就是，"内卷"的状态已经影响了用户的品位，一般内容已经无法满足口味刁钻的用户。

更让人不安的是，不仅仅是抖音，其他几乎所有的内容平台似乎都出现了类似的问题。就如同我们在本书一开始就提到的那句话：从高速发展转变到高质量发展，阵痛必定存在。

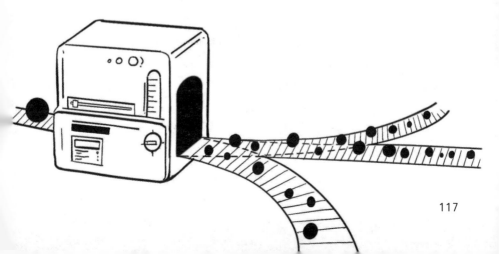

于是，新的问题出现了：怎样的干预策略，才有可能使我们获得更好的传播渠道，并获得更大的流量增长？

## 好的渠道是由人堆砌的

某天，我被一位带货主播的话打动。

他在某个晚上通宵直播带货，一直到凌晨四点。但他发现，他直播间里的人似乎只是保持一个在线状态，但无人购物。

他很沮丧，内心撑着他的那根线似乎随时都可能绷断。于是他放弃了喋喋不休的产品推广，他问："你们为什么到现在还不睡？"

很快，他收到了几条回复。

一位开出租车的父亲刚刚结束工作打算回家，一路上听着他的声音祛除困意。当听到主播的问题，他把车停到路边回复信息。

一位母亲在睡眠中被孩子的哭闹声惊醒，好不容易将孩子哄睡着，自己却完全没了困意。她坐在客厅的沙发上，想要自己独处一会儿，于是打开了他的直播。

一位刚刚毕业的研究生无聊地躺在床上刷视频，他不用担心到现在不睡早上是否起得来，因为他还没找到工作，没人要求他几点起床。

还有一位老大爷，四点钟已经是他起床的时间。他孤独一人，早早起来就是为了能不错过和其他老友锻炼的时间，他需要陪伴。

这位主播忽然意识到：自己每天在直播间里费尽心机，想要卖东西给屏幕那边的人，但他似乎从来没有在意屏幕那边的人是谁。那不是一群听了你的推广就疯狂打开钱包的购物机器，而是一群有自己生活、个性的、真真实实的人，是真正的众生相。

消费者首先是人，然后才成为消费者。

渠道是由人堆砌起来的。好渠道的定义是，这条渠道里聚集的大部分人都愿意倾听你的声音，愿意了解你的故事，愿意成为你的用户。

那么这里就出现一个问题：哪些人，会听谁，讲什么样的故事，最终产生什么样的行为。

直播带货的那些直播间里所聚集的人群，一定是要买东西的人吗？不一定。和电商平台的搜索购物不一样，直播带货有着非常强烈的随机性。很多时候，人们在进入直播间之前也许没有对某一个特定物品的购物欲望（除非他已经知道该直播间今晚可能会销售自己某个心仪已久的商品，并且该商品今晚会打折），所以他如何理解主播传递的消息，是他是否会产生购买行为的重要因素。如果他的理解和主播想要表达得一致，那么这个直播间就是我们销售商品的好渠道，如果他没有理解，那么就不能称它是一个好渠道。

事实上"理解"这个概念几乎适用于任何信息传播。我们发布了一款新的App，如果目标用户理解了该App的作用，我们就能获得巨大的流量增长；我们创作了一段新的短视频，如果目标用户理解了这段短视频，并且产生了共情，那么我们也能获得更多的用户关注；我们推出了一款新的消费商品，目标用户理解了这款商品能够带给他的真正的意义，那么我们就能确保这款商品会燃爆市场。更重要的是，尽管我们在前面用了近十万字的篇幅描绘了"干预"的技术和策略，但所有这些策略的关键，就是"理解"。

2016年，创新型饮品品牌"元气森林"创立，并迅速推出同名苏打气泡水"元气森林"。彼时，饮用水市场竞争激烈，苏打水的品牌亦是琳琅满目。想要从这样的市场环境中脱颖而出，困难不言而喻。

"元气森林"的策划者当然明白这一点，他们可不想做一款普通的饮料，用普通的营销方式，去打开普通的渠道。他们非常清楚地知道：如果和那些已经拥有成熟市场地位的竞品直接硬碰硬，那么他们胜算到底有多大谁也不知道。

于是他们开始静下心来寻找元气森林的市场定位调研。和别人不一样的是，当别的竞品正在调研"人们为什么喝饮料"时，他们却反其道而行之，去探索"人们为什么不喝饮料"的原因。很快，个中的秘密被他们找到：健康。

如你所知，很快，"0糖、0脂、0卡"的宣传语响彻中国。元气森林用对立的目光看问题，迅速找到了新渠道的大门。

而我在本篇开始提到的那位主播，也因为找到了"人"这个关键基点，开始在直播间里讲故事，做科普。例如，如果他今晚带货的商品是大米，他就会讲大米的历史和文化，如果今晚要带货的产品是圆珠笔，那么他就会普及为什么圆珠笔的"珠"会如此难以制造。正是这种"讲述"，使他迅速成为抖音的第一阵营主播，暴增粉丝数千万。

现在我们来简单分析上述两个案例。抖音的带货主播的主要目的是"带货"，但是他并没有像其他主播一样以价格、稀缺、实用等常见的手段进行商品推广；而元气森林知道在竞品林立的环境下可能很难快速布局市场，于是反其道而行之，将"不喝饮料"的用户激活，获得了爆发式的增长点。

由此，我们发现了这两个案例的一个共同特点：他们都在尽最大的可能去依附人们心中真正的欲望。这种对内心欲望的依附契合了人类心灵深处的一种固有结构，我们称之为"心理图式"。

心理图式是认知心理学中的概念，它揭示了人类思维、感知和行为的深层模式，是我们理解和解释世界的基础框架。简单来说，心理图式是我们大脑的内在程序，是我们信息处理工厂中的管理员，掌管着从信息接收到加工，再到最终输出行为的全过程。

每个人心中的图式都是独一无二的。它们扎根于我们的经历：小时候听到的故事、文化传统的烙印、我们亲手触摸过的物品。当新信息出现在我们面前，这些图式会决定我们怎样迎接它：用欢迎的掌声还是质疑的目光。

当人们进入一个直播带货的直播间，人们的潜意识中就会出现一种防御体系："他要卖货给我，我要防备他！"一位将健康视若最高价值的健身者，每当看到饮料就会置若罔闻，因为在他的潜意识里，饮料会让自己努力了很久的健身成果一夜尽毁。

但我们提到的这位主播，以及元气森林改变了这种状况。他们深知，单纯的叫卖只是在某种程度上对人们进行感官刺激，而在商业社会如此内卷的情形下想要一击即中非常困难。但如果将文化的力量和人们隐性的诉求作为外衣覆盖于原有的目的上，效果就会变得大不一样。于是，他们不仅仅满足了人们的显性需求，更重要的是，他们挖掘并满足了人们的隐性需求，那些深藏在心理图式中的，连我们自己都可能未曾察觉的欲望。

## ▌ 如何用心理图式建立最好的渠道

心理图式的有趣之处在于：它可以引导人们通过一些特别的方法，对信息产生不同的认知。

例如，某位男士一直对图像融合技术，也就是所谓的"修图"嗤之以鼻。他认为作为一个男人，发到朋友圈的照片还需要精修，多少是不符合自己"男人气概"的价值观的。所以他在很长一段时间里都没有下载过修图软件。

作为修图软件的开发者，在原来竞品较少时，我们当然可以放弃这部分用户。但是如果我们发布产品时已经强手林立，并且头部机构早已获得大量用户在这样的前提下，我们再通过普通的提升修图算法、优化修图流程等，已经很难从竞品那里抢夺用户了。这可能是因为用户已经习惯了使用竞品，或者大量的数据存储于竞品平台，迁移成本巨大。在这种情况下希望流量暴增，就需要另辟蹊径，找到那些还不是修图软件用户的人们，例如男士。

数据显示，某头部美图App的月活跃量接近3亿，每月产出新图像70亿，而其中有89%的用户是女性用户。该数据看上去似乎是市场饱和的信号，但事实上也会是再次增长的机会。

在当前的市场环境下，修图软件不再是某个特定性别或年龄层的专利，而是成为了一个广泛应用于多方面生活场景的工具。我们目睹了数字内容的爆炸式增长及其在社会互动中的巨大作用，这促使我们更加深入地理解用户的需求并与之共鸣。那么如何发现男性用户的修图需求呢？根据社交媒体发布的一些男性修图数据的分析，以及一些头部修图软件发布的数据，我整理了以下男性的隐性需求。

首当其冲是职业形象需求。在现代商业世界，个人品牌越来越受到重视。LinkedIn等职业社交平台上的数据显示，拥有专业头像的用户比那些没有的用户收到更多的工作机会和连接请求。这种职业头像往往需要通过修图软件进行优化，以确保照片质量符合专业标准，一项发表在《心理学杂志》上的研究指出，第一印象的形成速度极快，而且通常是基于外观的。这强调了良好第一印象的重要性，修图软件则成为创造这种印象的有效工具。某个生成"一寸免冠照"的App数据显示，有接近90%的男性用户多次使用过职业形象照片修复，并将其分享到社交媒体。

当然，男性也会对内心向往的职业形象进行想象。

2018年9月，第二十八届中国新闻奖公布获奖作品。在首次设立的媒体融合奖项中，人民日报客户端的互动H5《快看呐！这是我的军装照》荣获一等奖。该H5是在纪念建军90周年之际，人民日报客户端借助人脸识别、融合成像等技术制作而成的。

2017年7月中旬，人民日报决定制作军装照的图像融合页面。7月29日晚上，该页面上线。

正如预期，该页面发布后，立即呈现"裂变式"传播，不同年龄、区域、行业的网友都踊跃生成、分享自己的"军装照"。建军节前后，通过"军装照"H5晒自己的"军装照"在网络上形成刷屏效应，营造了浓烈的爱国爱军氛围。截至2017年8月7日，H5的浏览次数（PV）超过10亿，独立访客（UV）累计1.55亿。其中，仅8月1日建军节当天的浏览次数就达到

3.94亿，独立访客超过5700万。而根据对样本数据的分析，发现参与此次活动的男性用户达到57.6%。

是什么让男性开始对图像融合如此感兴趣？

首先是男性对于军人形象和职业的渴望，他们通过虚拟地穿上制服，体验成为军人的荣耀和威严，满足内心的英雄梦想。同时，他们也在寻求彼此之间以及在社交圈中的认可与尊重，军旅文化所代表的荣誉感和牺牲精神为他们提供了一种社会认同感。

此外，情感纽带亦起着核心作用，尤其对那些家族中有军事背景的用户来说，这样的活动更像是一种纪念和致敬，加强了家庭的情感联系。此外，活动符合了当下社会对分享和社交互动的需求，用户通过分享个性化的军装照片，能够在网络世界中获得关注，并增强了个人影响力。

技术新奇性同样不容忽视，新颖的应用功能，如人脸识别，激发了用户的好奇心和探索欲，促使他们体验最新的数字技术。此外，生成军装照片还提供了一种现实生活中难以获取的经历，让用户在虚拟空间实现从平民到军人的幻想。

当然，自我形象的塑造与展示也是用户参与的动机之一，通过军装照片强调了阳刚之气和坚韧品格，成为了自我呈现的工具。

这是一次非常成功的图像融合产品推广。我们假设这次活动背后的发起机构是为了推广一款新上架的图像融合软件，那么它将起到怎样的效果？

当然，影响男性使用图像融合技术的不仅仅是对职业的追求，也有着社交分享需求。随着各类社交媒体平台的兴起，分享生活的精彩瞬间成为常态。男性用户也希望展示自己独特的生活方式与经历，从旅行的壮丽风景到家庭的温馨时光。美化过的照片更容易获得点赞和评论，这进一步满足了用户的社交分享需求。根据皮尤研究中心（Pew Research Center）的数据，约有56%的成年男性使用Instagram，而且他们倾向于分享和浏览包含户外活动、健身、旅行等主题的帖子。为了可以在社交媒体获得更多的点赞和评论，人们尝试通过修图提升图片的视觉效果，使其看起来更专业、更具吸引力。

例如，汽车爱好者可能会使用修图软件强调他们车辆的光泽，模型制作者可能使用软件来突出他们作品的细节。这些微小的改变可以给他们带来极大的满足感，也让他们的追随者对其内容产生更多的赞赏。

还有一些修图软件通过增加更多的参数调整功能来使自己软件生成的图片看上去更加强大。这和大部分修图软件"傻瓜化"的操作是背道而驰的，但是更受男性用户喜爱，谁会愿意让自己的图片一眼看上去就是被加工过的呢？看不出修复痕迹的图片才能让人们有更多惊喜。

一些小众的修图软件为了打开市场渠道，还提供了服务于个人情感的小功能。例如通过旧照片修复和创建家庭纪念相册，作为一种关怀和爱的表达，如Pixlr和Photopea等在线工具提供了简单的老照片修复功能，这些功能正变得越来越受欢迎。

如果修图软件提供针对男性用户的专属定制服务，例如健身效果展示或旅行冒险记录等，就有可能大大增加App的吸引力。例如，Strava就提供了追踪运动轨迹并与图片结合的功能，它在运动爱好者中非常流行，特别是男性用户。

综合上述所有因素，我们可以清楚地看到，修图软件对男性用户的吸引力源自多方面的动机和需求。

首先，开发者可以通过专业化和场景化来吸引男性用户。例如，开发适合商务场合的图像模板，如商务会议记录的照片、健身成果展示等。这不仅有助于用户在社交圈中展现其专业态度和生活品质，也强调了修图的实用价值。同时，为了更好地服务于男性用户，开发者可以采用人工智能分析用户的兴趣和社交动态，推送个性化的图像风格建议或模板。

社交功能的整合也是关键。修图软件可以加入分享成就和挑战的功能，如"今日最佳改造"或"变身挑战"，鼓励本来就具有非常强烈胜负欲的男性用户在社交圈中获得认同和赞赏，从而提高他们的参与度和软件黏性。此外，通过与服装品牌、汽车品牌等进行合作营销，提供"一键试穿新款时装"或者"一键置换豪车背景"的功能，可以更好地强调修图所带来的高端生活体验，吸引那些对时尚和汽车有兴趣的男性用户。

教育引导方面，通过提供修图技巧教程，特别是面向男性用户的实用性修图技巧，可以帮助用户掌握如何利用修图软件提升职场文件的视觉效果，塑造专业形象。同时，开发高级功能，如一键简历优化、商业名片设计等，不仅满足了用户的职业发展需求，还使得软件不仅限于娱乐使用。

情感连络也是拉近用户距离的有效手段。设计父亲节、退伍纪念日等特殊节日的图像模板或活动，增强软件的情感价值，让用户在这些特别的日子里通过修图传递情感。技术创新方面，开发独特的算法，如老照片修复或增强技术、军人形象融合等，既吸引了那些颇具情怀的用户，也通过技术的独特性区分于竞争对手。

这就是利用心理图式分析技术，将产品和信息从原本竞争激烈的渠道中弯道超车的典型案例。

"我面对的是谁，他能干什么"是心理图式的核心意义。事实上对于心理图式的干预能够让人们转换知觉某个事物的方向，这种案例在成功的信息传播中比比皆是。还记得那个"今年过节不收礼，收礼只收脑白金"的广告吗？尽管这个广告从21世纪初已经开始广泛曝光于各大媒体渠道，但是它之所以能将"脑白金"带进亿万人的记忆中，除了从一而终地使用这段广告语之外，还包括它成功地将"助眠保健品"变成了"礼品"。这种差异化的变革，让人们对于送健康这件事逐渐接受，甚至改变了许多中国人赠送礼品的习惯。

好的渠道不仅仅是拥有超高频次的曝光，更重要的是你可以通过心理图式分析轻松地了解到用户内心深处的隐性需求。请记住，让人趋之若鹜的永远不会是你的自信，而是你带给人们的与众不同的魅力，以及真正了解他们到底要什么。

## 关键意见领袖：好渠道的催化剂

2021年5月，埃隆·马斯克在他的推特上提及了一个名为Signal的即时通信应用。Signal是一款可以对用户发送的任何文字、视频和图片都会进行端对端加密的即时通信软件。当时，WhatsApp在隐私政策方面正在经历风暴。为了表达愤怒，马斯克在推特上发了一条简短的推文："Use Signal"。

可以预见的，这条推文发布之后，Signal的下载量瞬间飙升。据报道，仅在马斯克发布推文后的几天内，Signal的安装量就从之前的每天大约10万次增加到了每天数百万次。根据Sensor Tower提供的数据，Signal应用在接下来的几天内跃升至苹果App Store和Google Play商店在多个国家和地区的免费应用排行首位，甚至一度导致Signal的注册验证系统因为新用户数量激增而过载。

还记得我们在前文中提到的Clubhouse吗？也是马斯克的一条推文，让Clubhouse的邀请码一夜之间成为互联网最炙手可热的紧俏资源。

这就是关键意见领袖刺激产品流量爆发的最好催化剂。

关键意见领袖（KOL）是营销领域的一个概念，通常被界定为那些掌握着丰富且精准的产品知识，并且得到特定群体的认可或信赖的个体，他们在影响该群体的购买决策过程中扮演着重要角色。区别于一般的"意见领袖"，关键意见领袖通常是他们所在领域或行业的专家或权威，其影响力并不取决于个人活跃度，而是基于他们的专业地位，易于被相关群体识别和认同。他们就像是信息时代的灯塔，当我们无法做出选择时，总会看到他们散发的光芒。从这个层面来说，马斯克就像是灯塔。

人们为什么会听他的意见？

行为科学家常说，人类在做选择时并非总是理性地判断。相反，我们的决策往往受到诸多其他外界因素的影响，包括我们对于信息源的信任程度。还记得我们之前提到过的"启发式判断"吗？当某人在某个特定的话题上表现出深厚的独到见解时，我们倾向于将他们视作问题的专家。这样的信任基础，是意见领袖通过不断的互动、分享有价值内容与真诚的沟通堆砌起来的。

我们渴望归属，渴望被理解，渴望被认可。看到别人，尤其是我们敬仰的人，拥护某个观点或产品，我们自然而然也就会相信他的意见。这种"群体效应"激发了我们内心深处的从众本能。

更重要的是，决策的复杂性往往会让人感到不安。面对重重选择，跟随意见领袖的建议就像是抓住了一根救命稻草。它简化了我们的思考过程，减少了我们的认知负荷。简单来说，这种快捷方式节省了我们宝贵的时间和精力，让我们能够快速做出判断，甚至不必自己深入研究每个细节。

这种结合信任、群体归属感、认知简化的组合，造就了意见领袖在干预策略中的核心地位。他们不只是在传播信息，他们实际上是在引导公众的注意力，塑造我们的观点，甚至有时改变我们的行为模式。

正因为这种强大的力量，促使我们在希望所传播的商品、信息获得爆发式增长时，我们往往会想到寻找关键意见领袖来给我们帮忙，但这件事似乎并没有那么容易。

不同于那些普通的种子用户，意见领袖的每一个动作都备受关注。他们的一言一行，可能成为流行趋势的风向标，或者引爆社交圈的热议话题。但这样的力量是一把双刃剑；当他们选择不当时，后果几乎不堪设想，不仅会误导追随者，还可能摧毁他们自己多年建立起来的信誉与权威。

正因如此，意见领袖会更加严谨地考虑自己的行为。他们知道，在这个由点赞和转发构成的网络世界里，每一个决定都无比审慎。这种态度不仅是对自身声誉的保护，也是一种对那些信赖他们的人负责的表现。

我们可以预测：越是影响力较大的意见领袖，越有可能在进行信息传播时考虑该条信息可能会带来的影响力。如果的确是这样，按照我们之前所提到的成本收益分析，那么我们在邀请意见领袖时就需要考量我们自己的信息是否能够给予他正向收益，且我们所能给出的正向收益是否和他能够给我们的传播效果对等。

但在实际的传播过程中，如果仅仅依靠对等计算，这种交换行为似乎并不平衡，一些知名人物总是会积极地帮助给予不了他们什么的信息持有者传播信息，这是为什么呢？难道成本收益核算失效了吗？

答案是成本收益核算依然有效，只是意见领袖看到了更长远的收益，或者出现了单纯的利他行为。从收益角度来说，有些意见领袖会考虑到帮助转发信息对于自己账号的数据增长或者账号品牌、自我呈现的帮助，在这种情况下，只要感知到利好，帮助就可能产生。但在单纯的利他行为下，成本收益核算将会通过其他的方面展现。例如马斯克对于Clubhouse和Signal的推荐。对他们来说，帮助可能在短时间内不能形成明显的外部收益，但是帮助本身会产生内部回报，使他内心获得更多的价值感和平衡感。

现在，我们来分析一位权威的意见领袖愿意帮助你推广品牌可能有几种原因：他可能认识你，或者因为喜欢你的品质和产品，所以答应了你的请求；他可能认为你所策划的活动难得一见，就像是一位资深的钢琴家发现了一位颇具天赋的孩子一样，他会把你当作稀缺品，并给你所有他能给你的提携；他可能因为获得了你首先给他的利好，所以基于互惠原理而帮助了你。

基于第一种原因所引发的传播案例是经常可见的。例如，有一位电台主持人听说有一位脱口秀演员的演出质量非常高，于是在下班时间去听他的节目。果然，这位脱口秀演员深厚的文化底蕴和缜密灵活的应变能力深深吸引了他，两人很快成为了朋友。在接下来的一段时间内，该主持人帮助脱口秀演员录制了数十期现场录音，并在他的节目中播出。很快，该演员的剧场人潮涌入，一票难求。社会心理学大师、影响力研究者罗伯特·西奥尼迪认为："我们大多数人总是更容易答应自己认识和喜欢的人所提出的要求。"为了让权威人士变成自己的种子用户，信息发布者绞尽脑汁认识那些拥有权威影响力的意见领袖，并和他们成为朋友。根据心理学实验，人们会对熟悉的事物产生更严重的偏见，在同等条件下，人们的选择往往会倾向于自己熟悉、了解和喜好的那一边。

2020年9月，仓库管理员内森·阿波达卡（Nathan Apodaca）在TikTok发布了一段视频，这段视频是在他的卡车抛锚后，他踩着滑板，喝着优鲜沛蔓越莓果汁，听着Fleetwood Mac乐队《梦想》前行的视频。而此刻的他，只是一个收入一般，甚至可以说贫困的、连卡车都修不起的马铃薯厂仓库管理员。

但谁也没有想到，短短几天内，这段视频就在TikTok上获得了近几千万次观看。

神奇的故事开始了，优鲜沛注意到了这个视频，并借此机会来推广他们的产品。优鲜沛的CEO汤姆·海斯创建了一个个人TikTok，并模仿拍摄了自己滑长板、喝蔓越莓汁、跟着背景音乐对嘴型的视频。不出意外，凭借模仿阿波达卡的创意，以及作为优鲜沛首席执行官的身份，这段视频成功地吸引了大量关注。

优鲜沛的营销团队深谙这位素人网红内森·阿波达卡正能量形象的珍贵。尽管他的生活看似平凡，从事着普通的工作，驾驶着一辆时常出现故障的破旧车辆，甚至无法购置房产，全家人只能挤居在一辆破旧的房车里，但他在视频中展现出的阳光、从容、开朗和乐观的精神面貌令人印象深刻。

在内森·阿波达卡的视频广泛传播一周后，优鲜沛营销团队带着专业的摄影团队，为内森·阿波达卡送上一辆崭新的蔓越莓色皮卡，更为温馨的是，车上满载着新鲜的蔓越莓果汁。这件事让阿波达卡大为惊讶，并又一次录制了视频上传到TikTok。

毫无疑问，视频又火了。

火了的不仅仅是阿波达卡和优鲜沛，还有Fleetwood Mac乐队的《梦想》。据报道，在视频发布后的一段时间内，优鲜沛的网站流量激增，而与视频相关联的Fleetwood Mac的《梦想》也重新回到了排行榜。

据《纽约时报》报道，阿波达卡的视频帮助《梦想》在Spotify上的流量增加了242%，Apple Music的下载量提高了221%，Twitter上的输出量提高了374%。同样，优鲜沛的品牌认知度也获得了前所未有的提升。

现在，我们来复盘这个案例。

首先在这个故事里，内森自然流露出的个性和对生活的独特态度，将他从一个普通人转变成了值得信赖的公共形象、一个时代的无意识意见领袖。可以说，即便是在今天，这种方式依然可以让一个普通人变成"网红"。而这一点恰好反映了现代营销的重要原则：真实性与共情是品牌影响力构建中不可或缺的元素。

聪明的海斯率先察觉到了这一趋势，并迅速行动，通过个人化的接触强化了与内森的联系，将这种近乎于老朋友间的友善视为品牌与消费者之间真实而深切的纽带。

在互动的过程中，内森和优鲜沛的互动不仅塑造了品牌的积极形象，也在网络世界引发了巨大的反响，显示了一个人性化的面孔和真诚的态度所带来的强大市场效应。在数字时代，关系的建立超出了实际的握手和长期的相识，转而通过故事的共享和情感上的交流形成了新的链接。随之而来的，是那些以策略性和情感智慧植入品牌故事的厂商获得了超乎想象的传播成果。

那么在这个案例中，谁是真正的意见领袖，谁催生了谁的网络爆发呢？其实答案并无定论。阿波达卡在这段视频之前，只是个普普通通的素人，但是在视频爆发之后他成了意见领袖，汤姆·海斯虽然在之前可能是意见领袖，但在此次事件中他是一个被动的"加热者"。无论如何，他们互相之间的"英雄相惜"，造就了这次营销事件的大获成功。

第二种是因为意见领袖感受到了你的稀缺性和独一无二。基于这种因素的帮助，十分考验我们自身的能力。

无论是真实才华，还是所策划的内容，人们只会认同真正有价值的东西，而不是凡间俗物。信息爆炸是一把双刃剑。一方面，海量的信息侵袭，让单独某一条信息"木秀于林"的成本变得更高，难度变得更大。另外一方面，由于内容创作的便利性，海量的信息虽然每天都在涌现，但真正优质的内容却始终是少数。这就像一条街上不断地有餐馆开业，每一家店都在装修、特色上下功夫，但最终保持不败的餐厅一定是最符合人们口味的那一家。同样，优质的内容和创作者是每一个人都在争取的，但因为其总量并没有那么多，所以无论是普通人还是权威的意见领袖都在争取和他们的合作。

2019年，挪威歌手玛丽·乌尔文以艺名girl in red在社交媒体上迅速走红，那一年，她二十岁。

乌尔文于1999年诞生在挪威一个偏远的小城，并在那里度过了她的童年。在她家里唯一与音乐有点关系的是她的祖父——一位能演奏吉他和钢琴的善良老头。

2012年的圣诞节，祖父赠予十三岁的乌尔文一把吉他。之后的日子，她学吉他，学钢琴，学音乐制作。她就这样在自己的卧室里一点点成长。

那时的她仅仅是一位普通高中生，从未想过自己会成为音乐人。

改变是从她父亲送给她一个麦克风后发生的。乌尔文第一次尝试在SoundCloud上分享自己的歌曲。她为自己取了一个网名"girl in red（红衣女孩）"，并在2016年11月以此艺名发布了首支单曲《I Wanna Be Your Girlfriend》。

2019年10月，美国著名歌手、制作人，被中国粉丝称为"霉霉"的泰勒·斯威夫特（Taylor Swift）在她的Instagram故事中分享了这首《I Wanna Be Your Girlfriend》。当时的霉霉在Instagram的粉丝总数是1.6亿。这样的量级对于乌尔文来说，无疑是一次超级曝光。从此乌尔文开始在音乐行业越走越稳。

类似的例子数不胜数。

2009年，十三岁的阿莱西娅·卡拉开始在YouTube上上传翻唱音频。2015年4月27日，未满十八岁的阿莱西娅·卡拉发行首支个人单曲《Here》，后来据她说，这首歌是在她13岁的时候就开始创作，一直到了她在YouTube上有了大量粉丝之后才首次发布。

很快，这首歌在YouTube上爆红，格莱美获奖制作人No I.D.立刻发现了这颗乐坛的新星。在不到一个月的时间内，就将阿莱西娅·卡拉签入麾下，并不断地在公开媒体赞誉阿莱西娅·卡拉的天赋。要知道No I.D.可是Jay-Z、Kanye West的制作人。

在No I.D.的加持下，《Here》获得了惊人的战绩。它在美国Billboard Hot 100排行榜上最高达到了第5位，在Spotify等主流媒体平台上，《Here》积累了上亿次的播放量，其官方音乐视频在YouTube上的观看次数数以亿计。

凭借《Here》以及随后发行的专辑《Know-It-All》，阿莱西娅·卡拉迅速从一个社交媒体上的普通翻唱艺术家转变为国际流行音乐界的明星。2018年，阿莱西娅·卡拉发行歌曲《Scars to Your Beautiful》，并因此获得格莱美最佳新人奖。

唐代著名诗人韩愈曾说："千里马常有，而伯乐不常有。"事实上在如今这个信息传输已经非常便捷和高速的世界当中，伯乐有很多，反而缺乏的是能够闪现光芒的千里马。真正的才华当然会获得关键意见领袖的加持，让"千里马"为众人所知。

除此之外，最有可能让权威者帮助我们，且最常见的方法无疑是互惠。

互惠原则是人类行为学中的一个核心概念，常体现在日常互动交流中。它强调：一旦人们接受了他人的某种形式的帮助或好处，便会产生一种内在的、强烈的压力，驱使其回馈给予者。这种现象的典型演绎可以在商业领域中找到许多生动的例子。无论是机敏的销售人员，还是街边的小贩，他们在没有显而易见的对策指导下，往往能够本能地运用这一原则，达成惊人的效果。

　　例如在超市里，你也许经常可以看到一些试吃的摊位，这些摊位提供免费的零食或水果品鉴。不少顾客在品尝过那些美味的食品后，常常会发现自己难以抗拒购买的冲动。这不仅仅是因为食物的味道引起了他们的消费欲望，更因为他们潜意识中的互惠心理在作用。如果吃完之后不买，他很有可能产生"失调感"，认为自己"占了便宜"。根据一次调研发现，点心试吃者中有76%的人最终选择了购买这款点心，而没有试吃的消费者在同样的时间段里只有13%完成了购买行为。

　　同样的场景在我的童年记忆里也多次出现。小时候一到夏天，常有载着西瓜的板车停在我家附近。果农总是能够挑选出看起来最诱人的西瓜，然后舞动他的西瓜刀，在西瓜上巧妙地划出一个三角形的口子，供顾客免费试吃。如果顾客认为西瓜不甜，那么这个西瓜马上就会被货主扔到一边，再选一个新的西瓜切开小口。顾客看到货主如此真诚的行为，很难再拒绝第二个被打开的西瓜，于是他的西瓜每次都能在最短的时间内被卖光。我坚信那位货主并没有系统学习过任何关于社会心理学的专业知识，但他却将互惠原则使用得淋漓尽致。

　　权威意见领袖的行为也受到这种互惠原则的深刻影响。即使是那些拥有庞大社会影响力的领袖，在接受了某种好处后，也难以抵挡回馈的社会压力。他们明白，守住这个社会规则是维护自身权威地位的关键之一。

　　一位技艺高超的糕点师为了推广他的糕点品牌，精制了许多小块的糕点，并将这些糕点赠送给社区论坛中的版主和具有较高影响力的社交媒体账号持有者。他从不明言请求他们进行宣传，而是希望这可以成为一种纯粹的社交礼节，只求他们提供宝贵的意见。

　　他的策略取得了效果。收到糕点的意见领袖大都提出了自己的建议，而糕点师也没有将这些反馈视为无关紧要的意见，相反，他认真对待这些建议，根据这些意见再次定制了专属糕点，并主动送到这些意见领袖手中。一来二去，这些意见领袖被他的真诚所打动，他们不但自己成为了这家糕点店的忠实粉丝，甚至还不遗余力地在自己的社交媒体上为这位店主呐喊助威，最终这家店变得远近闻名，前来预订的客户络绎不绝。

在现实生活的大量线下活动中，许多商家都采取了类似的策略来赢取意见领袖的支持。他们深谙意见领袖背后的强大影响力，想尽一切办法让这些意见领袖参与其中。种子用户、品牌大使等角色迅速成为品牌忠实的推广者，无论是线下的实体产品，还是线上的服务平台。

以线上服务为例，许多新兴的网络平台都会在初期寻找意见领袖进行邀请制试用，并以收集到的意见指导功能升级。当他们的建议被采纳，并且融入了平台的发展之中，这些意见领袖会感受到强烈的社会认同和尊重。这种情感驱使他们，以互惠的方式，尽力帮助平台进行推广。

随着知名意见领袖的推荐，越来越多的人被吸引，尝试加入这个新兴的社区。这时，一种稀缺感降临，因为并非所有人都能轻易获得邀请码进入。这加上了一把火，使得原本已经有效的互惠策略，又添上了稀缺效应的强劲动力。就这样，一场干预策略形成的流量增长在无形中慢慢开始。

通过这些例证可以看出，互惠原则在强化人际关系、建立信任、激发客户忠诚度方面发挥着不可或缺的作用。它不仅是个人情感和社会规范的产物，也是商业成功背后不可忽视的一环。利用好互惠原则，既是技巧，也是艺术；在各种社会互动中恰当地运用它，可以帮助个体和企业在竞争激烈的环境中获得显著的优势。

## ▋ 好渠道的传播系数

在分析信息传播的效率和影响力时，我们经常会探讨一个重要的概念——病毒传播系数。这一概念可以帮助我们预测特定信息或产品是否具备广泛传播和感染群体的潜力。换言之，如果我们将传播的力量比作病毒的感染力，那么病毒传播系数便是衡量这种力量大小和传播速度的关键指标。

专家们在分析各类病毒时，都会首先考虑该病毒的传播系数。这个数字的大小直接决定了病毒是否会引发大规模的流行病。理解这一点并不复杂。当传播系数较大时，信息或病毒将快速扩散至广泛人群；当该数值较小时，传播则趋于平缓，最终甚至可能完全停止。

让我们通过一个简单的例子来具体了解这一概念。

也许你听过这样的说法："一传十，十传百。"在这一过程中，原始的1个人将信息传递给了10个人，这10个人继续向下传递，每个人又影响了10个新的人。随着每一轮传递，受影响的人数呈指数级增长。在这个例子中，我们能够明确地看到，初次的传播者将信息传递给了10个人，因此这个系数我们定义为10。通过这种方式，我们可以预见，在第三轮传递后，"百"就会转化为"千"。

相对而言，如果传播系数较低，那么传播的速度和规模就无法获得同样的增长效应。假设我们将现在这本书传递给了100个人。如果这些人之后只吸引了10个新的读者，并且这10个读者之后又只带来了1位新读者，那么下次的传播将只能预期带来0.1个新读者。如此循环下去，最终影响的人数将变得非常有限，甚至无限趋于0。

这个观点揭示了一个简单却又至关重要的事实，即病毒传播的系数存在一个关键的分界线。当这个系数大于这个分界线时，信息传播的规模会持续增加，有可能发展成大范围的流行；而如果小于这个分界线，那么传播的可能性则会逐渐降低。

基于上述例子，我们明白了，当传播系数大于1时，信息传播会持续扩大；反之如果传播系数小于1，传播规模将会逐渐缩小。因此，我们得出结论：病毒传播的效果分界线正是这个系数1。换句话说，只有在我们的每次传播中至少影响了1个人时，信息才有可能得到广泛的传播，并形成一种流行。病毒或营销也同样遵循这一原则。

以席卷全球、引发各种连锁效应的COVID-19病毒为例，它之所以能在全球范围内引起大流行，主要是因为它具有极强的变异和适应性。在疫情早期，该病毒的传播系数大约是2.5，意味着一个感染者可以传染给2、3人。随着时间的推移，尤其是经过奥密克戎这样的变异，其传播系数飙升至12、13。这表示，一个感染者能够传染12、13人，这就是COVID-19能够迅速成为全球性流行病的主因。它甚至让全人类对这一病毒产生了广泛的免疫应答，并使其成为了一种持续伴随人类的病毒。

从以上内容可以看出，无论是信息传播还是实际的病毒传播，传播系数都是一种度量其影响力和传播速度的有力工具。通过深入探究和合理运用这一概念，我们能够设计出有效的干预策略，预测产品或信息的市场反应。因此，了解并正确应用病毒传播系数不仅对公共卫生专家至关重要，对于增长师和传播学者而言，这也是一项不可忽视的重要技能。

## 提升传播系数

我们应该如何提升传播系数呢？

当我们完全了解了人们在信息传播时的思维方式，只需要迎合人们的需求"顺势而为"就能获得非常好的传播结果。这在提升人们主动信息传播的欲望中是有非常好的适应意义的。例如，策划者知道人们可能会追逐良好的自我呈现，那么当我们充分给予人们能够提升自我呈现的内容，就有可能引发人们的主动传播。在干预策略中，我们通过让信息本身更广泛地适应于人类需求，促使人们更主动地传播信息。以下，是一些能够刺激人们主动传播信息的密码。

## 有良好的诱惑才有良好的传播

当人们由于某次传播获得了利好，但由于利好的给予量不足，人们希望更多地索取时，诱惑就出现了。在行为经济学中，如果某个事物在短期内可以给人们正向反应，但是在长期内对人们没有什么好处时，我们就称为该商品对人们具有诱惑性。但在干预策略中，我们有时需要信息本身对传播者产生诱惑，以刺激他不断地进行多次发布，最终达成更高的曝光效果。

一种常见的诱惑是由于人们转发内容后获得了其他人更多的好评，发布者为了再次获得更多的好评而进行多次信息发布的过程。

在此过程中，产生诱惑的并非内容本身，而是在内容发布到社交媒体后带给发布者的利好。如果利好多次出现，那么发布者就会想尽办法找到更多的内容进行发布，以获得更多的正向效应。需要注意的是，由于人们对利好的需求并非一成不变，而是随着时间的推移可能会要求更多的回报，因此也就形成了更大的诱惑。

以一个脱口秀演员的演出视频为例。

传播者A在无意之中获得了一条该脱口秀演员的演出视频，于是将其转发到了自己的社交媒体。令他没有想到的是，这段视频让他获得了几十个点赞和十几条评论。大家都认为这位演员太搞笑了，简直为自己无聊的下午平添了太多欢乐。传播者A在偶然得到这么多的正向回馈之后非常开心，于是又开始主动从网上寻找这位演员最新的演出视频，转发到自己的社交媒体。当然，他的第二次发布同样也得到了大家广泛的欢迎，这次的点赞和评论比上次更多一些。在这种情况下，关注者的点赞和评论对他产生了诱惑，于是他开始花费大量的时间去寻找更多的演出视频，而他对于点赞和评论的情绪感知也越来越高，像第一次那样几个点赞和十几条评论已经不能让他觉得兴奋了，他需要更多的传播和转发来获得情绪的满足。与此同时，那些曾经给他点赞和评论的关注者也发现了这些信息能够带来正向效应，于是传播者A发布的视频被转发到了更多人的社交媒体中，转发者中的一部分因为得到了同样的关注、点赞和评论而尝到了甜头，最终也被发布这位脱口秀演员的演出视频所诱惑。

那么在这样逐步升级的信息转发中，最大的赢家是谁呢？显然是这位脱口秀演员。因为像A一样的传播者逐渐增加，他们希望获得更多的关注和点赞，而对于脱口秀演员来说，只需要创作更优秀的内容，更能让人们开怀大笑，他就能获得更多次的曝光。

由此我们可以发现，人们认为一条信息具有诱惑性，并希望主动对其传播的直接理由是信息本身能够给人们带来利好。所以在一次成功干预策略中，我们所必须关注的要素不仅仅是信息本身是否能获得更多次的曝光，更多的是当一次曝光产生，能否给传播者本人带来正向效应。

通俗一点说就是，发布者发布了某个消息，能给他们带来多大的好处。只要好处大到让人们得到了前所未有的收获，那么诱惑本身就很容易出现。

希望建立某种诱惑机制，有两个特点缺一不可：一是每次给予的量级较少，不能达到一次性满足；二是随着获得次数的增加，人们达到满足的需求量越来越高，或者说，越来越无法满足。

这就像是一个小朋友，我们考虑到她的健康，严格控制其冰淇淋和蛋糕等高糖高热食品的摄入，每次只给她一点点。小朋友第一次尝到甜头后，就希望下一次能多吃一点蛋糕，于是第二次她又多吃了一点，她又一次得到了满足。如此往复，她就有可能更加无法抵抗蛋糕带来的诱惑。

行为经济学中所提到的成瘾机制和饮鸩止渴就是这样的原理：人们为了满足逐渐降低的边际效应而加大了对刺激的摄入程度，最终成瘾。

虽然由于互联网媒体的爆发式发展，人们已经到了"人人自媒体"的年代，但对于绝大部分人来说还没有体验过"爆发式回报"。

某社交媒体平台对所产生的一个小时内的整体数据进行了一次追踪，这次追踪虽然时间跨度很短，但依然涉及数百万条信息。而在这些信息中，有95%的数据在发布后的一小时内只得到了5次以下的互动，这些互动包括点赞、转发、评论。而剩下的信息之所以得到了更好的数据，是因为它们本身就具有海量的关注者。也就是说，如果某个用户的某次信息在发布后的一个小时内获得了5次交互，就会让他产生不一样的感觉。

人们总是会在发布信息之前精挑细选，慎重考虑，其原因就是为了获得更好的正向反馈——多一点点赞和评论。

了解了人们的这种思维，我们要做的就是促使人们在主动发布信息后获得更多的正向回馈，信息本身就会得到更好的传播和更多的曝光。简单来说，就是如何让内容本身获得更多的关注和反馈，如何让内容获得更多的正面评价和交互。

一般情况下，人们对于信息本身产生交互可能有几种原因：社交需求导致的交互和触动信息接收者真正的思维跳动。

例如我发布了一个视频，获得了你的点赞和评论，那么在接下来你发布视频的时候我很有可能也会对你的内容进行评价和点赞。这一种回馈是非常直白的，人们可以一目了然地看到。

另外一种触动接收者真正思维跳动的内容可能并不容易让人们感知到回馈，例如你发了一条可以参与其中的营销内容（例如军装照），我没有在你的社交媒体评论和点赞，但我通过你的链接参与了本次活动，并且也将生成的内容发到了朋友圈。

为了能让人们更直观地感受到自己发布的内容所带来的影响力，一些平台努力将这些数据公开到信息页面本身，让人们可以一目了然地知道自己发布信息后获得了多少人的关注。这样的数据变化对于发布者本身来说是一种正向刺激，也很容易诱惑他，及其他接收者更广泛地传播活动链接，以达到"挑战"的目的。所有这些手段所产生的数据都有可能让信息本身产生诱惑，促使人们更多地传播信息本身。更直白地说：当某次传播能够给人们带来正向回馈时，传播就能够持续；但如果某次传播没有带来正向回馈（例如没有点赞和评论），甚至出现了负面评价，传播就可能不会继续。

了解了这样一个促使人们主动传播的核心关键，我们就可以很容易地推断和预测出哪些信息能够引发广泛的传播。从更广阔的角度来看，能够给人们带来正向回报的信息都有可能获得良好的传播效果。从相对微观的角度来看，人们希望获得的正向回报可能包括对于生存的回报、对于安全的回报、对于基于归属的回报、基于尊重的回报和基于自我实现的回报。你可以发现，这几种回报是从知名心理学家马斯洛的需求层次理论所延伸的。当然，也可以通过消费行为研究的特征把它区分为归属感的需要、权力的需要和独特性的需要。

## 通过增加归属感提升传播系数

在讨论归属感之前，我们来思考一个问题：为什么那些制造恐慌的谣言总是能获得非常好的传播效果？尽管我们在之前已经谈到了它们可能被传播的多种因素，但我们还没有真正地了解人们对于这种信息更愿意传播的主要原因。

我们从一个动物案例来延伸这个问题。在一个有严密组织性的群居动物团体中，个体的分工非常明确：身体强壮的负责战斗和狩猎，雌性负责守护幼崽，年轻但没有那么强壮的负责警戒。这些警戒者站在高处，时不时直立起来，四下张望。如果没有危险，它们就会低下头整理自己的皮毛，一旦出现任何的风吹草动它们会发出警告，整个族群也因此而进入战斗或逃跑状态。

这就是警戒者在这个团体中的生存法则。虽然他们不能像身强体壮的雄性一样直接参与战斗，但它们依然会通过自己的方式来获得群体的接纳。在人类的进化史中，这种分工合作促使整个族群获得了更多的资源和更安全的生存条件，我们的祖先也明确地知道：只有为群体付出相应的努力，或者让群体知道自己不可或缺，自己才有可能不被族群抛弃，而增加更大的生存机会。这种基因通过几十万年的时间传到我们身上，迄今我们依然通过这种方式行事。

虽然我不知道人类再过几十万年之后会不会变得更加独立和特立独行（也可能因为对地球资源的不节制使用而早早灭亡），但至少在现在，人们对群体的渴求几乎是最强烈的需求。基于此，我们似乎也找到了谣言之所以能够获得更好传播效果的主要原因：那些谣言中的大部分内容都直接涉及我们的安全，当我们缺乏对该信息了解的经验和知识，我们就很容易将其传播到我们所重视的社群中，以引起我在意的人的警惕为手段，获得自己所需要的群体归属感。

几乎所有能够提升人们归属感的产品都获得了巨大的成功。在消费领域，奢侈品让人们更加被别人重视；在组织管理领域，管理者利用人们对归属感的重视而获得了人们的忠诚和努力；在儿童教育领域，培训机构利用家长担心孩子被群体拒绝的心理而开展了各种课程，无论这些课程是否真的能够让孩子在未来获得更多的群体接纳，培训机构本身却赚得盆满钵满……人们为了获得更大的归属感而用出了浑身解数，只要能让他们感知到自己在群体中的重要性，人们就愿意付出更多。

这种对归属感的追求在干预策略上，就反映在人们发布某条信息后是否获得更多人的重视和关注。

一次成功的干预式营销非常重视人们感知到归属感。例如在母亲节，人们争先恐后地在社交媒体发布对于母亲的依恋和爱戴。也许人们在发布这样的消息时甚至连给自己的妈妈打个问候电话都会忘记，但他们依然会在发布母亲节信息这件事上不遗余力。人们并不担心自己的母亲会抛弃他，但如果他们在母亲节无动于衷，无论别人对此反应如何，他们都会担心自己会被添加上负面的标签，最终遭到群体拒绝。

一般情况下，当人们所发布的信息充满积极向上的正能量，以及大部分人所认可的普世价值观时，就可能获得更多的群体接纳。具有代表性的价值观包括慈爱、积极、健康、无私、合作、自立等。此外，外表吸引力、资源的持有程度、声望、道德、能力等也可能成为群体接纳的理由。换句话说，所有可能让人们获得正面自我呈现的因素，都有可能让人们认为是归属感的提升。而这些理由，恰恰就是病毒式营销获得成功的关键因素。

下表列举了能够让人们认为可以增强自我呈现从而获得归属感的一些因素以及促成案例。

| 因 素 | 案 例 |
|---|---|
| 慈爱 | 善良的人总会获得更多的群体接纳 |
| 积极 | 积极向上的态度给人以安全感 |
| 健康 | 健康的身体总是会得到更多人的接纳 |
| 无私 | 在集体主义国家，无私的奉献精神更能获得广泛认可 |
| 合作 | 善于合作的人更加有亲和力，也更容易让别人感受到归属感 |
| 自立 | 自立的人拥有更好的生存能力 |
| 外表吸引力 | 人们对于漂亮的人或者事物总具有天生好感 |
| 资源 | 资源越充沛，越具有生存能力，也越能给身边的人带来安全感 |
| 声望 | 良好的声望是获得归属感的重要因素 |
| 道德 | 人们会更加接受道德品行兼优的人作为自己的伙伴 |
| 能力和成就 | 能力和成就代表了一个人的生存能力 |

以能力为例。一款照片处理软件推出了"电影大片"照片滤镜。在该功能中，人们只需要拍摄一张照片，并在系统自带的、富有哲理的话中挑选一句（也可以自定义）作为字幕，就能让这张照片变成和宽荧幕电影具有一样画面感的"大片"。该功能发布后，人们纷纷将自己拍摄的照片变成"大片"，传播到社交媒体。这一作品在短时间内引起了关注者一致的惊叹和赞誉，这些正向回馈也恰恰成为了他获得归属感的重要来源。一些关注者看到了作品本身和别人对这幅作品的支持，感受到了发布者所获得的归属感，因此也加入了制作和传播的行列，最终促使这次营销获得了成功。

还有我们曾提到的自闭症儿童作品义卖的活动。人们乐于将捐款后得到的感谢界面发布到社交媒体，是因为人们希望展现出自己慈善的一面。这能够让发布者获得更多的点赞和正向评论，而这些评论内容恰恰让发布者感受到了强烈的归属感。与此同时，原本的信息接收者在看到这样的界面之后也非常清楚该活动能够同时给予自己善良的标签，于是他们也从信息接收者变成了信息发布者。

想象一下，一个人在社交网络上分享了他们觉得特别有意义的一条信息。这条信息可能是一场音乐会，也可能是一个咖啡爱好者的聚会，总之是某件能让这个人感到自己属于某个圈子或社群的事情。这个人希望通过分享这条信息，能在朋友圈中找到共鸣和认同。

这条信息被其他人看到后，如果他们对信息中的内容感兴趣，或者已经是那个圈子的一部分，他们可能就会对这个分享者做出一些积极的互动，例如点赞或者发表评论，以此来表达他们的赞赏和接纳。这种正面的反馈使得最初分享信息的人感到更加受欢迎和被社群所接纳。

同时，那些给予正向回馈的人，他们自己也可能会想要享受类似的归属感。因为他们在接纳分享者的同时，也希望获得别人的接纳。于是他们决定转变角色，从接收信息的人成为了新的信息发布者。他们可能会进一步分享那条原本信息，或发布类似的、能够让其他人感到共鸣的新内容，开始他们自己的信息传播旅程。就这样，一轮又一轮的分享和反馈构成了一条信息传播的接力链，每一个人都在其中寻找和分享归属感。

当然，仅仅拥有上表中的一些特质，信息虽然有可能形成传播，但依然具有较大的难度。例如本书如果希望完成一次广泛的传播，其难度相较于一些已经非常知名的图书更大。毕竟单纯的一本书也许很难让人们因为展现出积极的一面而获得归属感，除非这本书本身是行业内公认，且更多人认可的书。例如我在某个周末的下午在社交媒体发出我在读莎士比亚悲剧集的图片，和我阅读一本三流的言情小说之间，可能存在巨大的自我呈现差距。所以是否真正能够提高人们的自我呈现，传播的广度至关重要。

## 增加真实收益，推动信息传播

人们为了提升归属感而主动传播某条信息，这是为了能够获得自我呈现上的收益。而收益本身不仅仅包含自我呈现，还包括了其他方面的收益，例如经济收益。

事实上，提升人们对这种信息传播的主动性相对简单，我们只需要站在经济的角度，让人们更多地收益他们真正希望他们获得的利益，就能够推动信息顺利传播。

成功的基于经济利益的干预策略的核心在于，它不会让人们一次性得到完全的满足感。以砍价活动为例，此类活动允许人们邀请更多的朋友进入一个所谓的病毒式传播页面，帮助自己砍价。理论上，只要邀请的人数足够多，商品最终可以砍至0元。然而，举办方绝不会一次性提供如此巨大的优惠。

在这种干预策略中，每一次的降价都仅限于一个小额度。这样的设定确保了每次砍价都足够吸引人，同时又不至于让参与者因为得益太少而失去继续传播的兴趣。我们将这个平衡点称为干预策略的阈值。若阈值设定得当，参与者将更加积极地进行传播；若设定过低，人们将通过成本收益分析来衡量传播的必要性，并可能因此选择放弃。

为了维持这个动态过程，我们需要设定一个合理的收益区间，既满足用户对于获益的期望，又激励他们继续进行传播。

举例来说，在砍价的算法设计上，用户在首次尝试砍价时，往往能砍掉更大额度的价格，这无疑增强了他们分享信息的动机。但随着砍价次数的增加，降价幅度会逐渐缩小。当系统检测到用户对降价幅度的不满并减少了分享行为时，便会适时调整，再度提升砍价额度，以维持用户传播的动力。在这种算法的调控下，用户会出于追求更优惠交易的心理，广泛地传播活动链接。

我们在前文中曾经提到微信支付中著名的"抢红包"功能。令人趋之若鹜的动因在于红包内的金额是不确定的：有时由于运气好，人们可能会抢到金额较大的红包；有时又因命运捉弄，只能得到少量的收益。这种金额的不确定性激发了人们不断参与的愿望，每个人都抱着下一次可能会是幸运儿的憧憬。此种充满悬念的诱惑机制，促使微信红包功能不仅在中国，而且在整个东南亚区域成为了极为成功的支付产品。

仔细研究这些干预策略，我们可以发现，有效的激励机制是在满足用户需求与保持其参与度间找到完美的平衡点。在设计这类策略时，我们需要确保人们不仅感到获得了实惠，而且坚持持续地参与行动，从而为产品的传播提供稳定的动力源泉。

## ▌ 赋权：舍我其谁的传播干预

有些时候，通过为传播者设定角色而增加他们的传播责任，能够起到非常好的传播效果。我们在行为改变态度的部分提到过关于角色的定义和它所发挥的作用。我们知道，当某人在某种特定的情况下接受了一种全新的角色设定后，他就会依据这种设定去完成社会赋予这种角色应该完成的任务。我们经常会在一些谣言类的病毒式传播中看到类似的角色指派，例如"你的转发会帮你的亲友免受更大的健康威胁"，这种语言在某种程度上提醒人们为自己加载了传播的责任，因此传播也更有可能发生。

一般情况下，赋予角色的方式有两种，一种是来自外部给予的，另一种由自我主动产生的。外部给予是指在信息中提醒人们应该属于哪一种角色，并明确其角色责任；而自我产生是用户以内容通过联想和自身进行对比，发现一致性后，自动产生角色定位和责任感。在很多情况下自我产生的角色定位要比外部赋予的角色定位更容易产生相应的行为。

外部赋予角色是指信息内容中向接收者定位一个前所未有的角色，或者之前虽然存在，但接收者并没有意识到的角色。例如全球变暖已经成为阻碍可持续发展最大的敌人，超量的碳排放正在加速臭氧层的破坏，继而影响到地球的环境和生物的生存条件。在这之前，人们虽然听多了关于全球变暖的各类新闻报道，但是人们似乎并没有把这件事和自己的行为、态度关联起来。

一位演讲者发现了这种情况，并发表了一段惊世骇俗的演讲。他说：

人们总以为扔一些塑料瓶、不关闭家用电器、无尽地使用燃油车、无所顾忌地进行污染排放是对地球有威胁，但实际上人们大错特错了。和地球在四十五亿年岁月里遭遇的挫折相比，人类的这些行为就像是一个人不小心打翻了牛奶，弄脏了身子一样，根本不会对他有什么了不得的影响，无非就是去洗个澡、洗个衣服罢了。地球也是一样，如果污染到了一定程度，它也无非只是清理一下自己身上的污物，然后继续存在下去。但是，当地球真的开始"洗澡"的那一天，人类也就会随着清洗的过程而灭亡。现在的污染者当然不用担心那一天的到来，因为等它真正开始影响到他们的那一天，他们可能早就寿终正寝了，但是对于他们的子孙来说，情况就没那么幸运了，当清洗日到来的那一天，他们只能眼睁睁地看着祖先父辈们造成的恶果让自己灰飞烟灭，却什么都做不了。所以他呼吁人们，你可以不为任何人负责，但你总要为你未来的孩子们负责。

这段信息在发布后不久，就在网络上疯传。

人们开始被赋予了"先辈"的角色，意识到如果继续放任碳排放的发展，清洗日很有可能提前发生。更重要的是，人们对碳排放危害的理解第一次从新闻那些枯燥的数据和宣传变成了涉及自身利益、生动鲜活的故事。基于此，人们出现了强烈的责任感，并开始主动地将这段信息上传到自己的社交媒体中，呼吁更多人加入爱护环境的行列。

外部赋予角色的关键是让人们明确地获得一个和自身利益有关的角色，并明确其中的责任。一个重要手段是直接告诉他具有什么样的角色定位，越明确越好，无须遮掩。一些质量很差却获得了广泛传播的信息甚至会为了赋予传播者角色而进行"道德绑架"："今天是父亲节，作为一个孝顺儿子，你理应将这条能帮助他健康的信息转发他看到，"我们暂且不提这种手法是否道德，但从赋予角色的层面来说，它无疑是成功的。

而主动产生角色意识是通过赋权的刺激传播的另外一种干预手段。

当信息内容和信息接收者有共同点，人们就更容易主动产生角色意识。自我形成的角色意识由于经过了人们的思考，因此感知更加强烈，态度也更加坚定。

一个寻找走失儿童的寻亲平台在社交媒体发布寻亲信息时，往往会通过走失儿童的父母亲自发布寻亲视频而进行信息传播。当焦急和悲伤的父母出现在视频画面，一些同为父母的人往往可以更加明确地感知到他们的情绪，并不经意地和对方换位思考。这种思考非常容易让他们产生角色定义和责任感，并马上进行信息传播。

由于群体性的影响，人类的意识行为中对和自己有相似性、一致性的他人往往会有更多的喜欢和信任，也更容易引发共情。共情是产生角色意识非常重要的因素之一，并且在共情产生之后，一致性、相似性的信念也会更加稳固。还记得我们在前文中提到的那个台湾老妇人不远万里为女儿送营养品的广告？视频中母亲的伟大形象唤醒了子女们对母亲的依恋，并且在观看影片后强化了"子女"的角色定位，并因此激化了信息传播的欲望。

人们对相似性的评价一般会出现在所属群体、长相、社会层次等许多方面，而群体又是最容易产生角色意识的类型。一些利用干预策略的增长师深谙群体一致性的重要程度，在所传播的信息中，总是会通过各种手段让人们感知到一致性，并促成其主动产生角色感知。

2013年，哈佛大学开启了一场历时五年的募捐活动：The Harvard Campaign，该活动是哈佛历史上最大规模的募捐活动，旨在支持学术创新、师资发展和资本项目。在2018年春季结束时，来自173个国家的15万个家庭参与其中。根据哈佛大学官方发布的数据，这次活动共筹集了超过97亿美元，远远超过了其65亿美元的目标。

哈佛大学十分清楚，其校友网络里充满着具有高度社会认同感和社群归属感的个体。哈佛大学在筹款信函和宣传材料中强调的信息通常会提到校友对学校历史的共同贡献，以及他们在学术和社会环境中所取得的成就。这种信息策略直接关照了校友具有相似背景的社会层次以及他们在群体中的角色意识，这通常更容易引起校友群体的积极响应。

通过展示校友在不同领域的卓越成就，并将其框定在"哈佛故事"的范畴内，学校成功地创造了一种群体一致性的感知。这促进了校友对其角色的认知，觉得自己是学校成功的一部分，使他们在捐赠时感到更加自豪，并更愿意分享这种成就感，以此来维持和加强与哈佛的联系。

在活动进行中，哈佛大学并没有直接明说校友应该通过社交媒体分享募款活动，但是通过树立校友在学校历史中的重要身份，结合他们对学校深厚的情感联系，使得校友们在情感上和责任上都感到有必要参与并传播这一消息。这种方式是一种间接的干预策略，充分利用了社交认同和共鸣来调动校友对募捐活动的支持。通过校友们主动的参与和传播，"The Harvard Campaign"得以进一步扩大其影响范围，吸引更多潜在的捐赠者参与其中。

角色的出现除了会带来责任，也可能同时带给人寻求归属感的欲望。事实上，由于角色而产生责任感的原因之一就是希望获得该角色所属团体的认同感和接纳。人们转发台湾老妇人的广告片，是因为他们感知到了自己母亲的不易，希望能向母亲表达爱，以在微观程度获得母亲和亲人接纳的同时，因为其普世的价值观而获得更多的其他群体认同；人们转发哈佛故事，是因为那些故事本身让人充满荣耀；人们加固了"校友"的角色定位，并且希望通过传播和捐款的责任，获得学校这个群体的接纳和认同。

为了能让一次传播获得更有效的角色感知和责任形成，增长师往往会寻找更加精准的角色定位，校友的群体对他们来说虽然精准，但群体太小，达不到很好的传播目的，而母亲和孩子的角色定位却是人人都有，能够唤起大部分人的角色感知。此外，促使人们主动产生角色定位的主要手段并非告诉他们是什么人，而是通过生动、鲜活的故事引发他们的自我思考，并主动将自己归类到某个角色当中。

人们对于故事的理解程度远远高于枯燥数据，所以促使人们主动产生角色意识的前提是，内容本身至少是引人入胜、发人深省的。这样的内容也更有可能唤起人们的责任感。

## 第四节　不同的内容，选择不同的渠道

研究表明，人们对不同的内容会随着载体的不同而出现不同的接受程度。简单来说就是，我们在传播某个信息时，到底通过文字的形式，还是数据的形式，抑或通过故事的形式呈现给用户，他们之间是有很大的区别的。并非故事一定会对任何信息都具有强烈的传播效果，对于一些重要的，且难以理解的内容，文字性的内容传播效果可能会更好。因此，优秀的增长师总是会根据内容本身来调整其载体，以刺激人们在无意识的情况下更准确地理解信息内容，并更主动地产生传播。

例如，某公司希望通过数据对比法来促使人们对低质量的产品进行排斥，并更多地认同公司的品牌。但公司的运营人员非常清楚地知道，人们对于数据的接受程度远远不及生动的故事来得快，并且很难引发传播。运营人员应该怎么办？

### 不同载体和不同思维方式的传播效果

在很多情况下，生动的视频和鲜活的故事可以让人们更加准确地理解信息的意义，并更容易产生行为。但所有的信息视频都能起到这么好的效果吗？

答案是否定的。有时候，发布者费尽心思做的短片似乎并没有达到良好的传播效果，甚至在某些失败的传播案后复盘时有些人表示：自己完全没有看懂信息里的内容，所以不可能进行传播。

无论通过何种信息传播方式，人们对于信息传播行为的前提是理解信息内容。当人们看懂了信息本身，才有可能引起思考和情绪波动，才有可能进一步地进行信息传播前的成本收益分析，才有可能最终将信息发布到自己的社交媒体。所以这样看来，促进人们看懂信息是病毒式营销中最基础，也是最底层的重要需求。

根据信息难易的不同，人们对于信息的理解时间也有不同。这种现象在被动信息传播中非常常见，许多信息发布者在创作内容时耗尽心神，认为做到了言简意赅，生动鲜明。遗憾的是，许多信息发布者存在"知识诅咒"。

物理学埃里克·马祖尔认为：对某事了解得越多，把它教授给其他人的难度就越大。这是因为当知识在我们脑中扎根，理解"不懂这个知识"的状态变得异常艰难。这种知识所带来的"诅咒"影响了我们的共鸣能力，使得与他人分享所知变得非常艰难。努力置身于听众的立场，对我们来说简直太难了。知识诅咒的案例随处可见，例如，没有一个陪孩子写作业的家长能平复自己的情绪。

一些信息发布者认为自己所撰写的内容简单易懂，但事实上对于普通接收者来说很可能因为缺乏知识和经验而并不能快速理解知识。这对创作者来说，是导致传播失败的最重要原因之一。正由于"全民自媒体"所导致的信息爆炸，以及人工智能和大数据智能推荐系统的风靡，人们的注意力和耐心已经越来越低，如果某段信息在接收很短的时间内没有被理解的话，人们就很可能跳过这条信息去寻找更简单的信息。

我们可以在抖音等平台发现，那些坐拥百万，甚至千万粉丝的科普账号，最大的能力就是将专业的内容用最简单易懂的方式解读出来。

心理学家深入挖掘了大量的交互数据，并借鉴了历史上众多心理学实验的成果，致力于解开一个复杂的谜题：如何有效地传递不同难度级别的信息。他们发现，不同类型的信息触达人心，会根据不同的媒介得到不同的结果。

为了促使人们对信息的深度理解，这些专家设计了策略，引导接收者从简单的接触反应转向深层的思考过程。复杂信息被重新编排，通过一系列策略性的刺激，鼓励人们激活更深层次的思考模式。同时，那些本质上复杂难懂的信息，通过直观和简化的表现手法被重新打造，使得即便是缺乏相应知识和经验的人也能够通过直接而简单的方式理解内容。

## 简单信息的适应载体

对于人们已经具备了相关知识和经验的信息，人们对其理解的程度也相对较高。对于理解程度较高的信息，人们似乎会显得更为自信，并更不愿意耗费更多精力去阅读相应的内容。

例如，当人们已经明白了某个科学现象和其背后的深层次逻辑，人们可能就不会再去查阅相关的文字资料。但如果此时有人把这个科学现象再通过改进在实验室中完成，并通过视频展现出来，人们就很可能更容易地受到信息影响，并进一步产生传播。

以一根香蕉在腐烂后不能食用为例。几乎人人都知道当一根香蕉从嫩黄到发黑，再到顶端流出汁液是香蕉正在变质的表现，人们也几乎都知道变质后的食品会让人身体不适，甚至引发疾病。但正因为这种"人人知道"，人们可能不会去阅读一篇以专业角度描述一根香蕉的变质过程，以及其中产生毒素和寄生虫的科学文章，即便是有人饶有兴趣地读完全文并受到影响将其传播到自己的社交媒体，那也可能很难引起别人的注意和兴趣。

但此时，如果有人将腐烂的香蕉切片，并放在显微镜下展现出蠕动的寄生虫，那效果就会变得完全不一样。肉眼无法看到的世界在显微镜下暴露无遗，多足的寄生虫肆无忌惮地挥舞着触角在汁液中向人类挑衅，这一系列画面都在以极大的强度冲击人们的神经。人们对于"腐烂的香蕉不能吃"这一论断在最短的时间内得到了理解和加固，并迅速想起了自己的母亲在香蕉发黑时舍不得扔掉的场景，于是信息产生的感官刺激推动了行为，这条信息被迅速传播给了自己的母亲。

需要注意的是，人们对于简单信息，或者他们认为与他们无关的信息思考总是基于无关线索（事实上在很多时候人们对于复杂信息的理解也会基于无关线索，这是因为人们没有理解信息的能力，因此只能通过无关线索进行判断）。由于这种思考方式，人们很可能并不在意通过类似文字这种较为耗时和复杂的信息载体来获得信息，他们甚至可能会认为香蕉腐烂不能吃这件事是常识，至于要不要吃，那就是根据个人的喜好或者性格来决定，是"仁者见仁"的事情。所以他们也许很难延伸到更进一步去思考香蕉腐烂之后为什么不能吃，更对充满了科学术语、洋洋洒洒千余字的论文毫无兴趣。但外周线索思考的主要特点是利用信息的外部线索来做出判断，而视频上蠕动的虫子、游弋的细菌都让人们非常直观地感受到冲击、理解了信息、产生了恐惧、促进了传播。

## 复杂信息的适应载体

当人们非常重视一件事，并且希望了解的信息相对复杂时，人们对于文字的理解程度就要高于视频信息。

发生这种状况的关键原因在于阅读赋予了人们对信息吸收速度的控制权。在阅读中，若遇到理解难度较大的内容，人们可以减慢速度，反复咀嚼，直至心中有数。在必要时，他们还可以查阅其他参考资料来加深理解。相对而言，视频和音频的播放节奏由发布者设定，观众对此无法自主调节。

例如一部改编自小说的电影，人们在看电影时，剧情的推进不受观众控制，但在阅读原著小说时，读者有完全的自由。他们可以随意在引人入胜或关键的情节停留，重复阅读以获得更深的体验。

一位学生在大学入学考试结束后希望根据自己的兴趣和志向选择营销学专业。但具体哪所大学的营销学更加出名、能参与更多的营销和社会实践，他是不知道的。此时他很有可能阅读大量的文字资料和数据资料来进行对比，并最终选择一家心仪的学校。当然，有时候一些介绍各学校营销学专业的视频讲解可能会对他产生影响，但由于事情本身的重要性，他在看完视频之后依然有可能继续选择查看更多文字资料。

由此我们可以发现，当人们对于信息本身更加重视，需要更多时间去理解它时，文字信息的效果就要高于视频内容。人们很可能因为更加专注地阅读了文字内容而更透彻地理解了信息本身的意义，同时人们也更有可能理解将这段信息传播到社交媒体后可能会带给自己怎样的利好。这些因素都有可能在某种程度上刺激人们对信息进行主动传播。

但需要注意的是，我们必须客观地评价自己所提供的信息是否真的对于大部分信息接收者是重要的，而不是单纯由我们认为它是重要的。此外，我们需要清醒地知道，绝大部分人类可能出现信息接收的惰性，他们并不会如同我们想象的那样认真地思考某事，甚至更讽刺的是，许多人虽然在社会交往中呈现出了积极、好学、向上的态度，但在很多时候他们甚至连文字信息较多的App都不愿打开，因为他们更愿意在视频中不费脑子地了解更简单易懂的信息。我们无法改变这一点，毕竟这是自人类祖先诞生至今人们深刻于基因中的习性，但我们依然可以通过依附于它，做一些利于信息理解、传播的改变。

## 不同的思考方式下不同的传播效果

人类对于信息的思考方式有两种：一种是中心路径，一种是外周路径。中心路径和外周路径源自"心理学中的双路径说服模型"，是心理学家理查德·E.派蒂（Richard E.Petty）和约翰·T.卡乔鲍（John T.Cacioppo）提出详尽可能性模型（The Elaboration Likelihood Model, ELM）中的概念。这个模型描述了人们在接受说服信息时大脑处理信息的两种不同方式。

中心路径是指人们在处理说服信息时，进行深入的思考和信息分析的过程。当个体对信息本身感兴趣，愿意并能够投入认真的思考时，他们就会通过中心路径来加工信息。在这条路径中，个体会仔细考虑信息内容，评估论点的质量，和其与已有知识的关联，从而形成或改变他们的观点。中心路径说服是基于信息和逻辑论据的强度，因此所产生的态度变化通常较为持久，抵抗反驳的能力较强，且更可能影响行为。

外周路径是指个体在接受说服信息时，往往不进行深入处理，而是依赖于信息呈现的外在线索，如信息源的吸引力、信息呈现的数量（诸如"大多数人都同意"的观点）或其他非逻辑性的因素。当个体不太有动机深入思考信息内容或者缺乏能力去分析复杂论据时，他们可能采取外周路径。通过外周路径形成的态度变化可能比较表面，容易受到变化，并且不一定会影响行为。

为了在信息传播当中加大人们的传播行为，许多信息供应方都会试图减少复杂信息和文字载体。这是因为人们可能对于非重要复杂信息的理解欲望较低，或者在很多时候人们并没有意识到一些信息对于自己属于重要信息。

例如许多人似乎对于全球变暖并不在意，一些生存在寒冷地区的人甚至可能认为全球变暖是个听上去不错的主意。在许多人看来，温度增长了零点几度似乎跟自己没什么关系。此刻如果我们写下一篇关于全球变暖的文章，很有可能并不会引起爆炸式的传播增长，因为对于一些存在短视的人们来说，这篇文章的吸引力远远不及一篇告诉我如何煎制出更好口感的牛排高。

但如果可以将全球变暖的直接危害通过视频的方式映射在他们自己

身上，那么情况就会发生显著的改变。例如，一段视频通过全球气候变暖对个人的影响，详细讲述了政府是如何通过税收手段来控制人们毫无克制的碳排放行为，并且帮助人们算了一笔账来告诉他们：如果每一个人都超额碳排放的话，那么他们每年可能会为此而多支出多少钱。这段视频虽然可能并不能降低人们碳排放的总量，但人们对该段视频的传播动力却因为更加理解信息和信息所阐述的内容与自己息息相关，而变得更加强烈。

为了促使人们更多地传播信息，我们通过引导人们的思维方式来帮助人们更好地理解信息。对于人们陌生的信息，我们通过引导其使用外周路径的方式来接受较为复杂的信息，以促成更好的理解效果；对于人们熟悉的信息，我们通过使用更直观的方式引发人们更深层次卷入，以达成中心路径的思考模式。当人们发现自己因为这篇内容改变了某种态度，他就更愿意主动地将信息传播给更多人。

如前文所述，中心路径是指当人们对某件事非常重视，并且具有一定的知识储备时，会更加冷静、具体、理性地分析这件事的得失。例如我们想要买一台新的计算机，如果我们具备一些计算机知识，并且明确地知道购买计算机的具体用途时，就会更加理性地对比各种参数。假如后续有绘图、游戏或者视频剪辑的需求，就可能会更看重显卡的性能，如果后续有数据处理的需求，就更看重内存的大小。这种理性分析的方法就是中心路径思考。而外周路径是指当人们对某件事并不重视，或者说没有更多的知识经验的话，就会通过非理性的方式进行决策。例如我们在炎热的天气里想买一瓶矿泉水，很可能不会看它的产地和富含的矿物质，而仅仅考虑它到底是常温的还是冷藏的；再比如我们打算购买一台手机，在我们对手机的性能并不清楚的情况下，更高的摄像头像素、更大的存储空间，甚至更好的品牌可能会成为我们的决策原因。有这样一个真实的案例，有两家相似的高科技公司都出品了家用智能摄像头，性能也差不多，但B公司比A公司似乎更懂得人们在缺乏经验的时候可能会使用外周路径的思考方式进行思考，于是B公司的广告语中多了一个"四层玻璃组成的摄像头，成像更高清"。没有人知道四层玻璃到底意味着什么，只是听上去似乎更加先进。但让A公司苦不堪言的是：专业的人都知道，绝大部分摄像头就是四层玻璃的。B公司刻意将这些并不重要的信号放大，成功撬动了更大的市场。

对于一些相对难以理解的信息，聪明的增长师还会通过和人类日常行为相关的简单问题进行反问以吸引人们的注意。例如我们提到的全球变暖的视频，如果仅仅对全球变暖的事实进行阐述，并给出"几十年后我们的冰山可能融化，海平面可能上涨"等信息时，人们很可能因为信息并没有牵扯现在的自身利益而放弃信息本身。但如果以"你知道全球变暖可能让你每个月多花多少钱"作为首句，那么人们就会从一个外周路径思考问题的方式变为中心路径思考，并有效地影响其对碳排放的态度。

信息传播中人们对内容的思考方式往往是由浅到深，由外周路径转向中心路径思考的过程。有些时候，人们虽然希望以中心路径思考某个问题，但很可能出现人们对信息不理解而无法进入中心路径思考的矛盾。

例如，让一位从来没有学习过机械相关知识的人在购买汽车之前观看车辆参数是不现实的，尽管买车这件事对他来说十分重要，因为他要耗尽存款，还可能为将来的保养、维护、燃料操心，为驾驶安全性考虑，但事实上许多购车者缺乏仔细认真地通过各项参数和驾驶感知来判断车辆适合度的能力。而这给了一些汽车推荐内容创作者机会。他们将不同的汽车参数和其意义转化成为人们听得懂的语言，并通过对比法让人们强化某款车在各方面优于其他品牌的优势。这些内容为人们提供了中心路径思考的工具，让人们可以更加精确地思考每一款备选车辆的优劣势。

但事实上，我们依然不能称用户的这次思考和决策是通过了真正的中心路径思维。

例如视频中展示了两款车的刹车距离，以宣扬某台车的安全性能。但事实上，刹车距离的长短和驾驶习惯、驾驶速度、刹车片的损耗情况以及当时的驾驶场景都有极大的关系，专业人士非常清楚经过怎样的调整和保养能够让汽车性能最优，也知道在怎样的场景下利用怎样的刹车方式可以最大程度保证让车辆停在安全范围内，但对于非专业的消费者来说，他们只能通过视频中两台车的在地上留下的刹车印长度做对比。

讽刺的是，人们很可能认为这种实际上是外周路径思维的方式是"真正的中心路径思维方式"，甚至可能会认为自己通过某段视频理解了那些复杂的汽车参数。在这种情况下，他们可能会更加自信地因为某几个并不重要的参数来判断自己购买哪一台车，甚至在购买后的很长一段时间内满意自己的选择。

真正能够让人们进行中心路径思考，并形成广泛传播的信息传播非常少。这是因为某个信息之所以能够广泛传播，是因为它能大范围降低信息的理解程度。为了达成这样的目标，信息本身的"传染门槛"越低越好。而如果某条信息需要引起人们的中心路径思考，它很有可能会对"病毒接受者"的个人能力提出很高的要求。所以为了让传播范围更广，大部分创作者和增长师都在通过各种方式降低信息的接受难度，让人们不用深入思考就能了解信息的意义，并在最短时间内做出反应。这对创作者的要求非常高，就像一位作家所说："真正让大众接受的科普内容，必须要经验更丰富、学术更高超的科学家完成，因为只有他们才能理解科学知识背后真正的意义，才能用最通俗的语言让人们了解科学知识的奇妙"。

## ■ 不同的情绪下不同的传播效果

是的，你没有看错，随着人们情绪的不同，信息传播的效果也会不同。这条理论早已被心理学家和行为学家验证，并被谙熟干预策略的增长师灵活应用。

情绪可以强烈影响人们采取行动的动力，包括他们分享信息的意愿。例如，假设在工作中你得到了上司的赞扬和公开表彰，这种正面的体验可能增强了你当天的好心情，在你乘坐回家的地铁时，这份愉悦感可能会让你更主动地为一位老年乘客让座。

同样，如果你遇到了某些让你感到十分开心的信息，例如一段搞笑视频，你分享这段视频的倾向也可能因此增加。实际上，这种轻松愉快的内容通常比普通或中性的信息引起更大的反响和传播意愿。

在不同的情境下，人们的分享动机会有所变化。现在我们来探究三种具体的情境：当人们心情好的时候、当人们感到恐惧时，以及当人们心情不好的时候。这些不同的感受都能以不同的方式改变人们的行为，特别是在信息传播方面。

## ▌ 好心情时的传播动力

即使是再对审判工作一丝不苟的法官，在好心情的时候都有可能做出对嫌疑人更有利的判决。而当人们在阅读信息时恰好拥有一个好心情时，会更快地做出决定，并且会更多地依赖外周线索，这便是心理学家加尼斯所发现的"好心情效应"。

好心情效应在病毒式营销中的表现是这样的：如果信息本身能够让人们开心、幸福，那么信息就会得到更多的传播。一些专门提供搞笑视频和笑话的平台总是因此而获益匪浅。甚至在一些本来严肃枯燥的科学教育视频中，主讲人的幽默程度能在很大程度上促使人们将这段视频主动分享给好友。

在一些说服性的信息（例如广告）中，让人们发笑的广告总能让人们印象深刻，并可能进一步地影响到商品的销量。让我们来看一个真实的案例。

截至本书创作结束的2023年，宝洁旗下品牌"老香料"（Old Spice）已经整整86岁了。但是媒体对它的评价是"在尝试年轻化的品牌中，Old Spice如果说自己第二，没人敢说第一"。

2009年，Old spice发布了广告 "The Man Your Man Could Smell Like"，一天之内，该广告获得了590万的播放量。不要小看这个播放量，尽管放在现在，稍有名气的短视频博主很容易达到这个数字，但是在2009年，这个播放量超过了奥巴马竞选胜利演讲的播放量。第二天，该视频播放量达到全网第八，第三天突破两千万。一个月之后，这支广告成为了YouTube上播放最多的品牌广告。

随之而来的是Old Spice的数据暴增，2010年，Old Spice成为了男性沐浴品牌的第一名，销售额同比增长200%。

这段广告的发起，只是Old Spice为了清理库存的最后一波努力。

在这之后，Old Spice又拍摄了多支类似风格的幽默广告，无一失败。这些幽默的技巧，让一家垂暮的公司顺利重归年轻。

这是多好的一次借助人们的好心情的逆袭。

人们似乎将幽默感视为评判某人是否具有吸引力的重要特征，即便是在普通的交往中，女孩子总能对一位说话幽默的男士留下玫瑰色的形象，即使这位先生并没有旁边那位先生那么帅。

当然，除了幽默之外，好心情效应还有可能出现在惊喜之后。

当你在平淡的一天中忽然收到了一份意想不到的奖励，那么在这之后你很容易做出一些冲动的决定，接受原本不可能答应的请求。一些平台和产品的病毒式营销的策划者往往会通过这样的方式寻找具有极强主动性的种子用户。

一个记录用户跑步数据的平台在上架一周年的这一天，通过使用数据统计找到了最多使用平台的前五百名用户，并给他们寄去了一块镀金的奖牌。这块奖牌不但篆刻了用户在平台的昵称，还刻下了截至一周年这一天他跑步的总里程。除此之外，该平台还通过商务合作拿到了某个知名马拉松比赛的参赛机会，并将参赛凭证直接赠送给了这五百人中曾经完成参加过全程马拉松的跑步爱好者。

对真正的跑者来说，这些参赛机会弥足珍贵，而这样的赠礼对他们来说是从天而降的惊喜。他们开心极了，主动地将奖品和带有抽取剩余参赛资格的平台活动页面上传到社交媒体，并不遗余力地为该平台宣传。而在这之前，他们也仅仅是该平台的深度使用者而已，可能并不会像得到惊喜之后那样积极地行动。

好心情能够影响人们行为的原因可能有两种：第一是人们可能对行为本身产生更积极的思考，第二是人们可能会将好心情和信息产生联系。例如人们在接受了某个赠品之后，很可能因"赠人玫瑰，手有余香"而更容易帮助需要帮助的人。

在针对于数十万条短视频信息互动数据调研中，研究者发现：凡是在评论中出现"搞笑"这样的评论关键词的，其用户交互数据（例如完播率、点赞、评论、下载、转发）都要远远高于普通信息。虽然在该样本数据中恐惧和坏心情的传播数据也有非常突出的表现，但总体而言，能够让人们出现好心情的信息交互数据占高交互信息的一半以上。就像戴维迈尔斯在讨论说服技术时曾说："如果你的论据不够有力，那么你最好设法让你的听众有一个好心情，然后他们才有可能不假思索地对你的信息产生好感。

当然，形成好心情的办法还有很多，人们不但会因为自己心爱的球队获得了冠军而开心，也会因为早餐时吃到了非常可口的煎蛋而心情不错。虽然情绪是这个世界上最不稳定的因素之一，但由于心理学家的贡献，我们依然可以从不稳定中找到规律，并利用这些规律干预人们的行为。

## 恐惧时的传播动力

一般情况下，正常的病毒式营销很可能不会使用恐惧感，来促使人们传播，毕竟恐惧感是人们最难以抵抗的负面情绪之一，产生恐惧情绪之后也更难平复，这可能会直接阻止人们的某种行为，进而影响到整体社会进步和经济发展。

例如，每当空难发生，尽管为了防止恐惧情绪蔓延，媒体不会拍摄罹难者的惨状，但人们由于易得性启发式思维，依然会对乘坐飞机产生恐惧，进一步影响航空公司的正常运营；再例如一些危言耸听的谣言总是能引发人们的不理智行为，一段食盐将要紧缺和涨价的视频让人们在短时间内将超市的食盐哄抢一空。

不过在一些特别情况下，正常的信息发布者也会利用人们的恐惧心理来制止一些负面行为的蔓延，例如烟草和安全驾驶对人们生命安全的影响。

社会心理学家认为，唤起恐惧效应在阻止人们的负面行为、增强人们对自身行为的监督方面起到了非常有效和重要的作用。人们因为看到了关于吸烟者的肺部检查视频而产生恐惧，进而可能会减少自己吸烟的频次甚至戒烟；也因为了解到一些癌细胞扩散时的"悄无声息"而加大体检的频次。

但人们对恐惧本身并非总是给出相应的正面回应，所以一些利用人们恐惧感的信息很有可能失败。那么在什么因素下信息才能使人们因为恐惧而产生最大化的回应呢？

第一种因素是信息能够带来恐惧的程度。在一些香烟外包装上，烟草公司仅仅是依据规定印制了"吸烟有害健康"这样的文字提示，另外一些烟草公司则直接在香烟包装上印制了被熏黑的肺部和头戴呼吸机、生命垂危的患者。两者相比，后面的方式明显影响了吸烟者，这在两种香烟的销售量上就能够体现：在排除所有外部因素后，后者的销售量低于前者。该因素说明：当人们的恐惧程度越高，对信息的回应就越多。

第二种因素是信息所产生的恐惧是否和人们不愉快的行为相关。对于很多人来说，吸烟是一件让他们愉快的事，而戒烟所带来的身体、心理戒断反应让他们无法接受。所以很多时候，吸烟者虽然看到了烟草公司在外包装上的警告，也无意间看到了不少关于吸烟产生健康危害的信息，但他们并没有改变吸烟的行为，反倒找出各种"佐证"来否定吸烟对健康存在影响的事实。但如果信息所警告的行为本身让人们不适，人们就很容易受到信息影响而改变某个行为。例如一位刚刚开始锻炼的人看到一段过度锻炼所产生危害的视频时，他们总会选择相信这段视频中的内容而放弃锻炼。

基于此，一些公益组织为了能更多地影响人们戒烟，找到了一些吸烟可能会使人们丧失感受比吸烟更愉悦行为的理由。例如一家公益组织拍摄了几段视频：一则是说明吸烟的男性出现性功能障碍的概率远远大于不吸烟者；一则是说明吸烟者的外表形象比不吸烟者明显更加颓废和沧桑；还有一则是以生动的案例展示吸烟者的孩子们因为父辈吸烟所带来的健康影响，以及不吸烟者家庭的孩子和吸烟者家庭孩子之间的明显区别。这些视频统一都没有提到吸烟对吸烟者本人所带来的愉悦回报，而是放大了人们普遍追求更加愉悦行为所产生的损失，有效地起到了警示作用。

总结而言：当信息所产生的恐惧和人们感受到不愉快的行为相关，那么人们就更可能信任信息并影响行为；而当信息所产生的恐惧和人们追求的愉快行为相抵触，人们就有可能不相信信息所传播的内容，并不会引发行为改变。

第三种因素是信息虽然带来了恐惧，但是否具有解决方案。一些信息提供方通过一系列的策划的确引发了人们对某种行为的恐惧，但遗憾的是，提供方并没有为这些行为提供解决方案。这种信息可能会产生两种效应：一种是当信息本身对人们产生生命、财产安全的恐惧时，人们可能会形成恐慌，并用他们认为有效的解决方案来做出各种不理智的行为；另外一种可能是当人们对恐惧本身产生无力感时，他们会选择不相信信息，因此而产生愤怒。

一个知名的例子就是波兰教士尼古拉·哥白尼所发表的日心说让教廷感到恐慌，并将其烧死在鲜花广场的故事。人们不愿意相信上帝所创造的地球是围着原本是配角的太阳转动的，而当时的科技水平也不可能给哥白尼的推理以客观的佐证，所以他们愤怒地杀死了哥白尼。同样，当我们的信息仅仅是放大恐惧，却没有给予人们解决方案时，人们就很有可能将其认为是谣言。例如在减少艾滋病的宣传中，如果信息提供者仅仅将不合理的性行为描述为艾滋病的温床，那么人们很可能会认为这跟自己并没什么关系，艾滋病也不可能降临到自己身上；但如果信息提供者给出了例如使用避孕套、保持固定性伴侣等一系列解决方案时，人们就有可能因为同时感知了恐惧和解决方案而改变自己的行为。

　　第四种因素是宣传的信息是否更具有形象化。事实上在本书中，我们曾反复强调关于信息的"鲜明"和"生动"。形象化的信息几乎是引发人们产生情绪波动、出现共情的最好利器。这就好像在文学作品中我们仅仅说一个人吝啬，那么人们并不能感受到他吝啬的程度，并且也不能理解因为吝啬而引发的剧情发展；但如果用一些描述他吝啬的行为来填充这个人物形象：例如在酒店里收集所有免费赠送的东西，并尽可能多地索要免费手纸；将公司发的制服全部放在箱子里，甚至制服早就换装都不可能拿出来穿或者给别人等，我们就能立体地感知到这个人的吝啬。二战期间，纳粹分子为了彻底对犹太人进行种族灭绝，通过许多没有事实依据的奇闻轶事来丑化犹太人，最终促使很多不明真相的人无端地生出憎恨，也导致大量犹太人流离失所，甚至被杀害。在一般情况下，生动的故事和赤裸裸的图像例证比文字和数据更容易让人们心生恐惧。

　　利用恐惧效应进行信息传播存在道德风险。一些丧失职业和社会道德的病毒式营销策划者为了能获得更好的增长，完全不顾恐惧效应可能带来的负面影响，只考虑自身的利益。目前许多国家的法律法规已经明确禁止了这种带有明显自利目的的信息传播，甚至将其列入刑罚体系，用牢狱之灾来约束这类信息的出现。例如许多国家的法律对于谣言都持有"零容忍"的态度，便是防止信息使人们产生恐慌，继而形成更大影响。

　　当然，恐惧效应在公益传播中的效果也是不容小视的。为了约束人们的行为，维护公序良俗，有职业道德的策划者往往会通过利用恐惧效应修正人们的行为习惯，使世界朝着更加美好的方向发展。作为一名合格的增长师，合理地利用人类的认知偏向、促进良性循环和可持续发展才是其应该具备的基本道德。

## ■ 坏心情时的传播动力

不仅仅好心情会刺激人们行动，坏心情也可以。虽然在一些研究中发现儿童在心情较差时会更少地产生积极正向的行为，但与此相对应的，成年人在坏心情时也可以产生帮助效应。畅销书《影响力》的作者、著名社会心理学家西奥尼迪认为：人类的本性虽然是自私的，但是在社会化过程的教育下，人们会在坏心情时为了减少内心的失调而产生帮助，这也是著名的坏心情好行为效应的起因。

例如在某次大地震后，人们因同胞丧失生命而感到忧伤，但这会刺激捐助行为和志愿行为的更大规模爆发。在一些信息传播中也出现了类似的情景：当信息本身让人们产生愤怒、悲伤等消极情绪时，人们更容易将信息传播给更多人。

最为明显的例子是某奶粉厂商在牛奶中添加三聚氰胺，导致食用的婴儿患病的信息。该消息一经披露立刻引发了人们如潮水般的愤怒，而这篇披露的文章也在最短的时间内传播到了网络的各个角落。人们用不同的方式宣泄自己内心的惊涛，信息就像是一条小船，在浪潮中被快速送到大量接收者面前。

但需要注意的是，我们需要区分坏心情是由于关注自我所产生的，还是由于关注他人而产生的。

研究发现，当愤怒和悲伤是由于自我关注产生的，例如感受到别人侵犯了自己的利益，行为出现的可能就会减少；而当愤怒和悲伤是由于关注他人产生的，行为出现就可能增加。在一次斯坦福大学的实验中，当被试者由于自我关注产生了负面情绪，仅有25%的人产生了帮助行为；而当被试者由于关注他人出现了负面情绪，该比例陡然提升到了83%。所以在病毒式营销中我们也需要注意引发人们对他人的关注，才有可能产生更多的信息传播行为。

　　同样，引发人们产生对他人关注的负面情绪，需要通过具体的案例和富有冲击力的画面形成。对于大部分信息接收者来说，个体的故事远比大量的数据产生的冲击力更大，人们也更可能通过一个个故事更有效地叠加自己的情绪，最终产生相应的行为。

# 第四章
## 干预实战

本章将和你分享一些干预策略的实战应用。

不得不承认，我对于即将出现在本章的第一个案例有着强烈的抵触心理，但从干预策略分析的角度，它的确是十足典型的案例。考虑了很久，还是打算以它作为开篇。

2011年3月23日的午后，某条城市主干道，一位母亲抱着六个月大的女儿，三步一拜地向前跪爬。

这是一个虽然不富裕，但是非常幸福的家庭。妻子随丈夫来到这座大城市，男主外，女主内。丈夫工资微薄，但依然可以养活一家人。父母因为有了孩子的诞生而更加甜蜜。

但厄运总会选择贫穷的人开刀，他们的女儿珊珊，自2010年8月31日出生后不久，就被确诊为视网膜母细胞瘤——一种随时可能扩散，甚至要命的癌症。

医生说："早发现，早治疗是降低死亡率的唯一办法，现在已经发现了，只有尽快开始治疗才能保住女孩的命。"

妻子和丈夫急了，他们花掉了他们所有的积蓄，并借遍了所有能借钱的亲人。但治疗开始后，他们这一点点钱也只是杯水车薪。

医疗费用的巨大缺口让妻子绝望，她开始以孩子的名字注册了一个网名，并在某个知名论坛上上传孩子的病例、村委会证明等资料，希望得到社会帮助。但除了少部分让她加油的回帖之外，大部分都是冷冰冰的质询。

此刻，一位叫做"某城富家公子"的网民留言："这个社会不是每个人都有爱心的。你说你愿用你的生命去换孩子的健康，空口说大话，谁相信你？有本事在某城街头跪爬一公里，我马上给你捐2万元人民币。"

母亲同意了。

于是，就在那个午后，母亲带着女儿，坚定地开始了跪行。路人纷纷驻足，但她依然没有停下的意思。女儿在怀中哭闹不止，她和女儿一起哭。人们听到事情的原委后让她停下来，并且现场拿出钱帮助她，但她感谢再三后依然义无反顾地向着约定的终点线进发。

终于，她到了那里。然后孤寂地抱着孩子在风中等待了很久。在此期间，一位自称是论坛版主的网民让她回去，说这笔捐款肯定不会兑现。但母亲似乎不信，一直在原地等待。等了许久，她没有等来"某城富家公子"的两万元捐款，而是他公开的表态：我只是开个玩笑，是她自己轻贱。我不会捐款给她。

如果说母亲的行为仅仅是引发了一部分人的关注，那么这个结局，让这件事在网络世界掀起了核爆一般的效果。一天时间，母亲为孩子筹集到了二十八万元的医疗费用，也为那位"某城富家公子"得到了数以百万计的咒骂。

互联网善忘，如果故事到此为止，那么这件事很快就会消失于人们的脑海。但事实是，这件事偏偏在最短的时间内发生了反转。原本被口诛笔伐的"某城富家公子"被发现是一位职业策划师，而这场募捐行为，虽然故事真实，孩子也急需医药费，但确是万般无奈之下的一次精心干预。

这位"某城富家公子"从母亲一开始在网上发帖就注意到了这件事。他不断地了解情况，证明事情的真实性，在确定了所有的一切之后，他主动联系了这位母亲，并详细地说出了自己的计划。此刻的母亲已经急疯了，如同坠海的人抓住了救命的草，她没有丝毫犹豫就答应了他的要求。

很快这件事火爆全网，一些资深的媒体人和策划人开始嗅到了整件事件中刻意为之的味道。几次追问下，母亲面对镜头哭着说出了真相。她承认，下跪事件是那位"富家公子"所策划，目的就是为了募集更多捐款救自己的孩子。

人们恍然大悟，他布了一盘好大的棋，让每一个网暴者、捐助者、同情者都变成了他的局中人，甚至包括他自己。

谋士以身入局，举起胜天半子。

很多年之后的今天，网上有这样一句评论诠释了这位策划者的整个策划思路：我知道人性的恶，所以我不赌你们的善；我不赌你们想让她活，只赌你们想让我死。

　　由于舆论压力巨大，2011年，策划者和母亲在一间破旧的出租屋召开新闻发布会。真相一出，一片哗然。事实上这位策划者早就预料到了有这一天，他承担了所有的风暴。因为在第一次跟母亲谈起这次事件时，他就对她说："你只管救你的孩子，所有的骂名我来担。"而除此之外，他在事件开始之前就已经信守承诺，给母亲递上了两万元捐款。

　　事实上，当时在终点站劝阻这位母亲的，正是策划者"某城富家公子"。在故事发生的前几天，他实地考察了那条母亲跪拜的大道，之所以选择那里，是因为那条街是整个城市的核心主干道，汇集了多家知名媒体。而跪行的时间也经过了仔细的计算：早上9点。这个时间段，上班的记者可以看到，也可以给他们更多的写作和采访时间，让新闻可以快速发出。为了防止记者没有看到，他还安排了一个朋友给母亲拍照，而他则在暗处，挨个给媒体打爆料电话。

　　所有的细节他都想到了。

　　等到记者都来的时候，他走上前，声称自己是论坛版主，说"某城富家公子"已经发帖，在侮辱的同时，拒绝了自己的承诺。

　　记者愤怒了，而这起策划成功了。作为事件的始作俑者，这位策划者在之后整整十二年的时间内遭遇了大量的网暴，直至现在。尽管舆论已经越来越倾向于他，甚至称他为"少侠"，但他为此而失去的，却无法估量。

　　是什么让原本一次几乎无法激起任何涟漪的事件获得了如此强烈的曝光？答案很简单，是人性。

　　整个事件的开端源于一个"某城富家公子"的网络ID和一位因为没有钱医治孩子的母亲之间的巨大冲突。冲突的关键点是"富家公子"的戏弄穷人、出尔反尔，甚至出言不逊，以及一位救子心切，愿意为了孩子的生死拼上一切的母亲。

　　贫富之间，本就是天敌。在社会心理学中，感知到不公平和社会困境是人们之间发生冲突的最大两个原因。"富家公子"和"贫困母亲"，两个因素之间的冲突无论是在现实还是文艺作品中都能迸发出太多火花，而富家公子对于贫困母亲的戏弄，更加将冲突激化。

更关键的是，基于我们在前文中提到的共情原则，让人们的情绪再一次提升。母亲跪行的举动激发了观察者的同情心，因为人们很容易对弱者产生同情，尤其当他们是无辜并且努力为了他人（一个患病的孩子）时。

策划者知道，这样的冲突太容易让人们关注了，剩下他要做的仅仅是通知媒体，让这件事产生裂变。他的最终目的就是让更多的人关注这位母亲，并引发人们的同情心，让年仅六个月的小女孩能有钱活下来。

这是一次极为成功的干预事件，至少从结果的角度来说，它是成功的，至少一条鲜活的、年幼的生命得以延续。但它真的符合伦理和道德吗？如果它符合道德，那其中的欺骗也是善意的吗？如果它不符合道德，那么在"救人"这个紧急问题面前，它是否是不得已而为之呢？

关于干预策略的伦理道德问题，本书后面的章节会专门讨论。但对于该案例，我很难判断它的对错。现在的网络上，对于这位"富家公子"的评论已经是一边倒的赞誉了，也许小女孩活下来，就是这起案例最积极的意义吧！

## 第一节　干预策略在线下商业模式中的应用

尽管干预策略是一个新的名词，但采用干预策略的手法实际上已经存在了很长时间。

《战国策·燕策二》里有这样一个故事：苏代为燕说齐，未见齐王，先说淳于髡曰："人有卖骏马者，比三旦立于市，人莫知之。往见伯乐曰：'臣有骏马，欲卖之，比三旦立于市，人莫与言，愿子还而视之。去而顾之，臣请献一朝之贾。'伯乐乃还而视之，去而顾之，一旦而马价十倍。"

故事的意思是说：苏代去游说齐国，没见齐威王之前，先对淳于髡说："有一个卖马的人，接连三天早晨守候在市场里，也无人知道他的马是匹骏马。卖马人很着急，于是去见伯乐说：'我有一匹骏马，想要卖掉它，可是接连三天早晨，也没有哪个人来问一下，您要能绕着我的马看一下，离开时回头再瞅一眼，这样我愿意给您一天的费用。'伯乐于是就照着卖马人的话做了，结果一下子马的身价竟然涨了十倍。"

你瞧，春秋战国的时候人们就知道可以依靠意见领袖来提高产品的售价。再例如李白的这首诗：兰陵美酒郁金香，玉碗盛来琥珀光。但使主人能醉客，不知何处是他乡。你以为这是李白的酒后感言吗？不，这是李白给兰陵酒的软文。

这种历史悠久的营销方式至今依然存在，并且得益于信息网络技术的进步，其覆盖面变得更加广阔，传播速度更加快速。在当代，干预策略已经成为了世界上成本最低、效果最出色的营销方式之一，众多增长策略师都在巧妙地利用人类的决策模式和认知偏差来进行各种信息的传播。本章节中，我们将探讨在线下服务领域中应用干预策略的若干案例，深入讨论这些策略是如何从理论走向实践的。

## ■ 一本书的传播

有这样一本书，全书仅有200多个字，却引发了全世界的一股风暴。在这本书被出版后，人们疯了一样在各类社交媒体分享着它的"阅读心得"。这就是出版界的奇迹：《秘密花园》。

《秘密花园》的每一页上都有着用线条构成的图画，人们可以用彩笔根据自己的想象为这些线条图案绘上各种不同的颜色以表达自己的心境。严格意义上来说它似乎已经不是一本书，其功能更像是一本用于涂鸦的画册；但它又是一本书，属于每一位完整将其创作完成的作者的书。

能够对内容进行自我创作，让大量的读者对它趋之若鹜，他们用空闲的时间放下手机和计算机，抛开一切纷繁杂务，像小时候一样认认真真地将每一幅只有线条的图案绘制得充满幻想。当每一幅作品完成，他们都会兴奋地为它拍照，并把它上传到社交媒体。一时间，社交媒体上出现了大量的创作，人们通过绘画将自己的才能展示给更多人看。看到这些画面的人当然也不会对这种奇妙的自我呈现方式弃之不理，他们也开始在电子商务平台痛快地买下一本，然后开始自己的创作。如此往复，这本书在短时间内成为了网上最火爆的图书之一。

另外一些允许用户将内容和自我关联的图书也获得了非常好的传播效果。一本名为"答案书"的图书每一页都会有一个让人看上去摸不着头脑的短语，人们可以随便在脑海中勾勒出一个问题，然后闭着眼睛随便将书翻到某一页去寻找"答案"。让人们觉得奇妙的是，这些答案似乎都能完美地解答自己心目中的那个问题，任何问题都可以。

事实上，真正神奇的并非是这本书内的答案，而是本书的作者深谙人们的自我证实心理而已。书中的所有答案实际上都是模棱两可的答案。例如你脑子里想的问题是"今晚吃什么"，翻出的答案是"你需要努力才能得到"。这两条信息似乎看上去并没有关系，但是很多人会想：如果我今晚想来一次奢侈的晚餐，不就是需要努力就能得到吗？如果我还不知道今晚吃什么，但努力去查找一些其他线索，不是照样也可以获得方向吗？

这个答案同样也可以回答其他的问题，例如"我能在今年升职加薪吗""我的感冒在本周内能好吗"之类，实际上都能让人们向着自己思维的方向去认可它们。这就像是占卜者给寻求确定性的人们模棱两可的答案一样，无论如何解释，这个答案都可以解答人们的问题。

无论如何，答案书让让人们参与其中，并且乐此不疲地寻找各种不同问题的答案。之后，人们又把这些有趣的寻求答案的过程分享到社交媒体，于是图书被传播的次数越来越多，图书本身也成为了现象级的畅销书。

人们为什么那么乐意将寻找答案的过程分享到社交媒体呢？答案可能是自我呈现和从众。当人们认为某件商品有趣，就会把这件商品分享给更多人看，以证明自己探索有趣信息的能力。我们在前文中知道：人们对于能够带给其好心情的事物总是抱有积极正面的态度：乐于表现更多有乐趣和幽默的事物，也愿意接受有乐趣和幽默的信息以及信息的发布者。而答案书本身就是一本充满趣味和很多可能的图书，这在某种程度上能大幅度提高人们"有趣"和"幽默"的一面。同时，由于答案书在某个时间段风靡了社交网络，还没有购买这本书的人在看到别人因此书而获得的正向回馈后也产生了从众的心理，并想自己尝试一下。循环往复的发布和接受过程中，答案书迅速走红。

在这两个案例中我们可以总结出一个图书病毒式营销的共同点：它们都因为人们不同程度的参与而促使人们对其产生更加正面的态度，最终引发了营销的成功。

参与，是能够促成许多营销爆发的重要因素之一。参与是一种行为，而行为能够改变态度。我们甚至可以笃定地认为：只要能够引发人们的参与，就能大幅度提高一次营销成功的可能性。

参与可以以各种形态进行：我们可以利用类似于答案书、填色书这种人们直接产生行为的方式进行参与；也可以通过引发人们的共情和自我参照来进行参与。一些图书虽然没有让人们直接介入其中，但由于其内容能够让人们产生强烈的共情，并找到和主人公的一致性而间接地参与。参与改变了态度，人们更主动地向别人推荐此书。

激活人们的参与行为，而最终促使图书火爆的案例数不胜数。例如马丁·汉德福特所著的《威利在哪里》让人们从1987年开始至今，找了整整三十五年那个叫做威利的，戴着黑框眼镜、穿着红白条纹衫、蓝色牛仔裤的家伙。甚至连著名剧集《生活大爆炸》都让两位主人公坐在沙发上为了威利而苦恼不已。

当然，市面上销售的图书大部分是不具备互动性的。这一类的图书如果希望能够产生爆红的效果，一种方法就是促进人们产生更多的讨论。

一般来说，产生讨论的可能有以下几种：第一，书籍内容本身就带有争议性，而这种争议可能会触及某两个大群体广泛的冲突，争议就会因此而开始。我们在前面提到的那个跪行救女的案例为什么会引发狂热的讨论，并且时隔十几年依然有人提起它、争论它？正是因为它成功地引发了道德的争议。作为一本书，它很有可能因为内容存在人们冲突的核心，因此被人们讨论。

其次，讨论这本书本身就会让人有更好的自我呈现。例如互联网女皇玛丽·米克尔发布了新一年的互联网趋势报告，那么从业者如果不讨论就会显得落伍，讨论则证明自己紧跟时事。这和《哈利·波特》的爆红是一样的，如果某个孩子没有聊起霍格沃茨魔法学校，没有拿一根小棍当作魔法棒，甚至不知道别人口中的咒语Apparate是什么意思，那他就可能会被其他小朋友笑话。为了避免这种情况发生，他当然需要回家跟父母索要一本新的《哈利波特与魔法石》。

当然，能够引发人们讨论一本书的办法还有很多，例如通过内容引发人们的情感共鸣、引发人们的兴趣和好奇心、设置开放的观点和结局、引导读者讨论等。所有这些，都可以通过巧妙的手段进行行为干预，并最终达到不错的效果。

## 一家本地菜餐厅的传播

一家经营本地菜的老字号餐厅在营销的过程中遭遇了千难万险。起初，他们所服务的食客均是当地的客人。一些怀旧的人们为了品尝到最正宗的本地菜而经常光顾这家店。但是无论再好吃的美食也不可能每天都吃，小城虽然怀旧的人数众多，但也从来没让这家店出现排队预约的局面。

几年后，小城的决策者开始发展当地旅游经济，外地观光客的涌入让该餐厅在一段时间内享受到了游客的红利。遗憾的是，虽然餐厅在网上做了不少的宣传，但由于各地品味不同，很多外地人不知道本地菜是否真的正宗，只觉得和自己所认知的"好吃"有区别。不明就里的外地观光客因此在点评网站上留下了一些负面评价，"徒有其名""味道一般"的关键词让这家店连本地客源也慢慢减少。

为了解决这种情况，店主委托了一位深谙干预策略的增长师。在经过详细的调研和市场分析后增长师了解到：真正的问题并不出在菜品的口味上，而是陌生的游客对于本地文化的缺失。

事实上，现在每天通过短视频平台进行推广的餐厅不在少数，但他们普遍使用两种方法：第一种是通过优惠的价格吸引人们的关注，第二种是通过对餐品的特写和人们大快朵颐的画面刺激人们的感官。这两种方法虽然都有效，但只能对信息接收者产生一定程度的影响，而无法让观众真正过目不忘。

于是，这位增长师有了些主意：他先是寻访本地经验丰富的老厨师了解所有本地菜的制作手法，接着又通过和本地文化、历史研究机构的合作，找到了这些本地特色菜的历史渊源。在他看来，餐饮并非填饱肚子那么简单，既然全球各地都有不同的饮食文化，那么可以突破的核心就在于文化本身。

这种判断非常符合人们在不同经济情况下的欲望和追求。

在经济匮乏时期，人们希望找到更充足的食品来保证生命系统的稳固，而到了经济宽裕的年代，人们的诉求就开始从"吃饱"升级到了"吃好"。而这里的"好"字就不仅仅是菜品质量的提高，更是餐饮文化的发掘。例如早期人们只是希望能填饱肚子，至于填饱肚子的东西是米饭还是面食并不重要。出现这种情况的主要原因是由社会经济结构单一所形成的。到了后来，当粮食不仅可以自给自足，并且可以将多余部分进行销售时，人们就开始追求质量更高、营养更丰富的食品。在这一阶段，人们对于高热量、高脂肪的食物具有更强的欲望。再到后来，"吃肉"也不再成为问题时，人们开始考虑到健康饮食。他们刻意拒绝原本深刻在人类基因中对高热食品的追逐，返璞归真地摄入更多的粗纤维以保证身体健康。与此同时，一部分人对于饮食的追求又一次发生了飞跃：他们开始探寻饮食背后的文化意义。这种现象在许多旅行者的身上都有表现：他们到了一个陌生的城市，总是希望探寻本地最有特色的小吃，而不是随便找一家餐厅吃千篇一律的食品。例如某人去了德国慕尼黑，就希望品尝这里的烤猪肘和啤酒，到了重庆，人们就会寻找当地最有名的火锅、小面和肥肠。在追逐餐饮文化的过程中，人们似乎又一次忘记了高热食品带给自己的健康隐患，即便是日常非常注意饮食结构的健身者都可能在进入一座文化气息浓厚的小城后，无所顾忌地大快朵颐。

　　案例中的那家餐饮店，恰好就是具有浓厚本地特色的小店，其特点也和旅游客的欲望完全匹配。增长师发现了两者之间的共同点之后，一切就开始变得顺理成章。那些被他寻访到的饮食文化和制作手法通过专业的团队变成了一部12集的纪录片，每集纪录片的长短仅在五分钟左右。每一集，他都介绍一种当地最著名的小吃和背后的历史渊源及文化，让人们在对着充满诱惑力的画面垂涎三尺的同时，感知到了历史的厚重。而所有这些菜品的制作者和背景中的餐厅，都是这家希望获得外地游客关注的本地菜餐厅。

　　增长师对于这一系列影片的策划有着非常明确的目的：首先，五分钟的长度恰好能让人们在碎片时间中看完一集。而较短的篇幅加上内容对人们的触动恰好能够引发诱惑的出现，人们看完一集，觉得意犹未尽，然后主动去寻找下一集。在花了一个多小时看完全部剧集之后，观看和搜索的行为潜移默化地改变了人们的态度，人们开始对去这座小城旅游，以及找到这家店品尝美味的欲望增强。同时，精美的画面和对餐饮文化的理解让人们出现了代表性启发式思维，他们会不自觉地想到这家店就是这些菜品最专业的制作者。最后，短片内容一改过去仅仅对普通食客的特写，而是设定了一位讲述人对某道菜品的渊源娓娓道来，让内容更加生动鲜明，更利于人们的记忆。

短片完成后，增长师并没有像传统做法一样将其投放到具有大量外地游客的短视频账号上，他甚至都没有去做到底什么地方的人来本地最多，谁可能会来本地旅游的功课。他仅仅将这些视频发布到了本地权威媒体的短视频账号上，而他说服本地权威媒体的办法也很简单，他甚至没有花太多的工夫就说服了他们，对于这些权威媒体来说，介绍本地文化本身就是他们的使命之一，他们当然愿意将这些内容发布到自己的短视频账号上。

将这段视频投放到本地媒体的做法事实上更容易引发病毒式传播。这是因为如果将视频投放到外地账号上，人们可能仅仅会认为这段视频拍得不错、这些菜品的介绍和文化背景也足够丰富而已，大概率他们只是信息的接收者，无法成为信息的传播者。但本地人看到这段视频就会引发自己的归属感和自豪感。他们会更加主动地将这些视频传播到自己的社交媒体上，对自己的外地同学、朋友、同事说："看，这就是我的家乡菜！"这些视频成为了他们自我呈现最强有力的工具。

果然，视频一经发布，在短时间内就被当地人传播到了网络的各个角落，一些身在外地工作和学习的人由于基于归属感的原因，更加主动地将这段视频分享在了自己的社交媒体上。这些主动传播者的社交媒体关注者大部分由非本地居民构成，所以他们的转发让人们开始对这12集视频和其背后的美味产生了非常强烈的兴趣。一次成功的病毒式营销就此产生，而这家餐厅本身也因为视频的爆红出现了争先恐后的预约场面。

上述案例中，增长师分别用到了归属感、诱惑、启发式思维、生动信息更易理解和记忆等常用的干预手段，最终在促成餐厅起死回生的同时，也刺激了大量希望到小城来旅游的游客欲望。

## 分享一瓶可乐

2011年，澳大利亚市场第一次出现了一种奇怪的可乐。这种可乐虽然是可口可乐公司公开出售的，但似乎又是为某人定制的。因为和其他可乐最大的不同是，瓶身上写着一行明显的Share a Coke with，以及一个人的名字。

毫无疑问，这是可口可乐公司的一次新的营销策划。事实上当时的可口可乐公司正处于一个充满挑战的转折点。一股不容忽视的变革浪潮正冲击着传统碳酸饮料巨头的根基。

彼时，碳酸饮料行业持续九年下跌，在2013年更是加剧至3.3%，这个数字让所有碳酸饮料公司都充满阴霾。然而，令人揪心的并非仅仅是销量的减少；消费者健康意识的觉醒带来了史无前例的挑战。随着水和果汁等健康饮品类别的蓬勃发展，可口可乐似乎正在失去它昔日的魅力和市场份额。

法律监管困境也逐渐显露头角，政府对含糖饮料的审视日益严厉，威胁要以税收和其他手段来限制其消费。与此同时，市场竞争日益白热化，新兴饮料品种，如冰沙和能量饮料异军突起，给碳酸饮料行业的传统巨头们敲了一个大大的警钟。

特别值得注意的是，以青少年市场为中坚力量的碳酸饮料拥趸开始出现裂缝。他们眼中的可口可乐不再是年轻与活力的象征，而是父母时代的遗产，虽然可信赖却略感陈旧。调查结果显示，即便是这个全球最知名的品牌，也只有区区13%的青少年认为它具备独特性。面对这一代寻求个性化和定制体验的年轻消费者，可口可乐的形象似乎正急需一次彻底的革新。

在这个以数字化、社交媒体为主导的新时代，消费者尤其是青少年的购物与消费模式正经历着剧烈变化。为了重回领先地位，可口可乐必须迎难而上，重新定义其与消费者之间的联系，而这一切，正是"分享一瓶可乐"运动背后的核心驱动力。

"分享一瓶可乐"的活动是这样的：可口可乐的包装瓶不再单调地印制着企业的红色和白色商标。而是这些瓶身上印刷着250个最常见的青少年名字，从而将全球知名的品牌个性化。每一个瓶身成为了一封邀请信，不仅向持有者传递一份定制化的问候，也鼓励他们把这份问候传递给朋友，以此作为连接和分享的媒介。

同时，可口可乐也意识到了网络空间的巨大潜能。因此，在其官方活动网站ShareaCoke.com上推出了虚拟瓶产品。用户可以创建带有个人化名称的虚拟可口可乐瓶子，并通过社交媒体平台分享给朋友或家人。这些数字化的瓶子让那些可能并未走进实体店铺，但生活在数字领域的消费者也得以参与到这场分享盛宴中。

一眼看去，这个活动似乎并没有什么特别，只是修改了瓶子的设计而已，能起到多大的波澜呢？可是，这并非是可口可乐拍脑袋的想法，而是具备一系列干预策略，以刺激该品牌重新领跑饮料市场的一次深思熟虑。

在"分享一瓶可乐"活动运营之初，可口可乐凭借精心策划的社会认同原理，将个性化的瓶身转化成消费者购买意愿的催化剂。每当消费者在货架上发现印有自己或熟人名字的瓶子时，那份归属感和社交连接的渴望便促使他们伸出手去，接触那些熟悉而亲切的体验。

此外，活动的设计巧妙地利用了社交经济学，让消费者通过交换带有特定名字的可乐瓶来表达友好，并由此加强了社会纽带。这种策略不仅赋予了产品一个全新的社交角色，还将其嵌入到了人际关系的微妙交流中。

情感触发在这次活动中也起到了核心作用，个性化的瓶身能够唤起消费者的惊喜和兴奋情绪，为品牌与消费者间建立起更深层次的情感联系提供了平台。同时，稀缺性原则也被巧妙地运用到了瓶子的分销中，增加了产品的吸引力与价值感知。

个性化产品的魅力在于它们满足了消费者对自我呈现和独特性的追求。可口可乐通过让消费者自定义瓶上的名字，成功地抓住了自我表达这一消费者心理，从而使每一瓶可乐都成为了一块自我展示的画布。

还有其他一系列独特，或者大众的干预原理，几乎都能在这次活动中找到身影。

活动推出后的那个夏天，有125万名青少年品尝了可乐，参与活动的可口可乐销量增加了100万箱，在美国的整体销售量惊人地出现11%的增长。成千上万的人在他们的社交媒体中分享了找到他们所发现的惊喜。#ShareaCoke的话题在推特上被使用了89 000次，在Instagram上被使用了496 000次。主动参与其中的意见领袖，以及普通人上传的内容累计获得了接近五亿次的曝光。在整个活动中，可口可乐公司仅仅为ShareaCoke.com的搜索引擎营销开了个头，并且花费的营销成本占总成本的不到5%。

真是一次惊为天人的干预！

## 参与其中总是让人们趋之若鹜

还记得我们之前提到的"军装照"案例吗？如果你生成了一张自己的军装照，把它发到自己的社交媒体，那么对这张图片二次转发的可能除了你的家人就不会再有别人了。参与式的策略总是能够刺激人们把内容分享出去的冲动，但几乎不会再产生第二次传播。

但这不重要。

有些时候，一些干预后的信息可能并不具备多次转发的能力，而是人们因为参与了和信息源的信息交互而发布了信息，并引起了其他人的兴趣，致使他人也去寻找该信息源进行交互，并将自己的交互过程上传到社交媒体。

环球影城的变形金刚就是一个典型的例子。扮演变形金刚的演员似乎个个反应机敏、能说会道。他们把"愚蠢的人类"批驳得体无完肤，而饱受诟病的人们还在被变形金刚"鄙视"后，乐呵呵地将他们之间的对话上传到社交媒体和短视频平台。看到这些视频的人在看到视频可观的数据后，出现了强烈的自我呈现欲望。于是他们也跑到环球影城，在阳光下等待好几个小时，就为了拍下自己和变形金刚交互的视频。随着这些视频被越来越多地传播，变形金刚成为了此次病毒式营销的信息源，一次传播链条似乎较短，但是传播面非常广泛的病毒式营销也因此而成功。

人们对于有趣的信息总是没有抵抗力，尤其在看到其他人与信息源交互的有趣过程时，这些观众也跃跃欲试地想要自己体验一次。环球影城的运营者当然了解人们的这种心境，他们让"威震天"孤傲自负的一面淋漓尽致地体现在人们面前，人们哪怕是被他"鄙视"，也会觉得非常开心。人们在参与过程中得到了乐趣和自我呈现，为了让更多人看到自己和"威震天"的对话，开始不遗余力地在网络自主推广。

使用这种"参与"的模式大获成功的还有一些现场演出的脱口秀演员。由于他们设置了一个观众的对答环节，用幽默的回答和让人捧腹的"嗔怪"与现场观众交互。每一次的交互都能够引发人们的大笑，而这些视频也会被观众自主拍摄下来并发布在自己的短视频平台。人们会在视频简介中骄傲地告诉别人："这是我！"他们强烈的自我呈现欲望让脱口秀演员在每一次演出后都获得大量的曝光。有些脱口秀演员正是因为采取了这样的互动环节，在短短的一年时间内就实现了粉丝从几十万到千万的突破。

另外，一些儿童兴趣培训机构也通过这种方式获得了巨大的知名度和更多的客户。

一家儿童舞蹈类培训机构力争为每一个学员都找到一次或多次正式的演出机会，并让他们在这次演出中和知名演员同台。因为他们深刻地知道：家长让孩子学习的几乎每一份技能都是有很强的"功利心"的，一些家长希望孩子能在某个领域崭露头角，并几乎不约而同地认为自己的孩子在这个领域具有很强的天赋。如果在学习了该技能后的某个机会让家长证实了自己的想法，那么他们就会想尽办法让更多人知道自己孩子的优秀之处，其中就包括将演出的视频和照片，以及相关的成绩上传到社交媒体。这家培训机构深耕儿童舞蹈培训多年，一方面深谙家长心理，一方面也拥有大量的演艺圈人脉资源。他们非常清楚孩子对于一些明星形象的增长作用，因此邀请他们为这些孩子提供演出的舞台几乎是双赢的事。家长当然乐意在某位明星的演唱会上看到自己孩子的身影，一旦孩子出现在视频里，他们就会将这段视频上传到自己的短视频账号和社交媒体，让更多人看到自己孩子优秀的一面。这些信息传播到社交媒体后，很有可能引起该发布者其他关注者的注意，也可能引起他们的参与。尽管这种干预达到的覆盖面有限，但对于一家普通的培训机构来说，所影响的人数总量足够让他们获得更多的潜在客户。

参与的核心是让人们能够在参与某种行为和活动时获得强烈的自我呈现，由此而引发主动传播行为。这一点和线上的病毒式营销是完全相同的，它们都具有一个引人瞩目的信息源，并且传播该信息都能让人们获得较高的回报，同时看重这些回报的人众多，这让传播本身具有了诸多的介质。

## 第二节　干预策略在线上推广中的应用

你做了一条短视频，上传到抖音。这时候你最希望看到的是什么？你研发了一款App，终于让它在应用商店上架，你又希望看到什么？

疯狂地被传播，疯狂地被使用，疯狂地被付费。这是每一个互联网掘金者的梦想。

自20世纪90年代互联网对公众开放以来，全球互联网用户数量用了大约4到5年的时间从零增长到了一个亿，而中国互联网用户从1997年的62万用户增长至2005年12月的1亿用户，这个过程耗时约8年。在社交网络领域，各平台达到过亿用户也耗时冗长。QQ自1999年推出后，约经过9年的时间达到一亿活跃账户。2004年诞生的Facebook用了大约4年时间用户数便突破了一亿。推特则在其成立的大约5年后，即2011年达到了一亿活跃用户。Instagram和微信表现相对强劲，分别在推出约2年后便各自迎来了一亿用户的重大成就。

然而，以上所有增长记录都被OpenAI的ChatGPT所打破。ChatGPT在发布仅5天后便迎来了100万用户，更令人几乎无法想象的是，在接下来的不足两个月时间里，它的用户数量超过了1亿。

ChatGPT是怎么做到的？

本节，我们就用几个案例来讨论干预策略在线上产品策划和推广中发挥的重要作用。

## 好奇心：ChatGPT爆红的秘密

生成式人工智能推出之前，尽管人工智能已经有了非常多的应用场景，但人们依然没有办法通过集体对五花八门的非结构数据很好地理解和应用。让AI写一篇文章、画一幅画、做一首曲子，甚至生成一部电影，所有这些尽是幻想，从未触碰。

2015年12月11日，美国开放人工智能研究中心（OpenAI）正式成立。该中心聚集了包括埃隆·马斯克、Y Combinator总裁萨姆·奥尔特曼、PayPal联合创始人彼得·蒂尔等在内的硅谷科技巨头，自诞生之日起便备受瞩目。

那是OpenAI第一次引发人们的好奇心：到底是怎样的机构，能够让如此豪华的团队聚集。

2017年，OpenAI在"情绪神经元"和OpenAIFive这两个项目上取得了重大进展。这让OpenAI更加相信，通过打造大型的语言模型并增加参数的数量，他们可以创造出能够像人类一样生成文字的人工智能。这个消息被透露后，人们的好奇心再一次被撩拨。谁都不知道，如果有一天你阅读的某个小说是机器自动生成的，那将是怎样的世界。这种好奇心随着OpenAI的研发竞争和媒体报道一点点涨大，直到2022年11月30日，OpenAI发布ChatGPT——全新聊天机器人模型，人们的好奇心开始爆炸。

随着ChatGPT的登场，社交媒体和新闻平台迅速形成了一场舆论风暴。在Twitter，#ChatGPT的标签仿佛变成了一种文化现象，它不仅吸引了科技爱好者的目光，也俘获了广泛公众的心。用户如同发现新大陆般兴奋，晒出他们与ChatGPT互动的截图，每一张截图都是对人工智能无限潜力的见证。LinkedIn上，行业领袖的笔锋则更为深沉，他们从专业的视角切入，评析了ChatGPT在商业策略、教育革新以及客户服务优化等方面的巨大影响。这些文章不仅凝结了对未来的预测，而且反映出了对改变现状的热切期待。同时，在科技论坛内，讨论的火焰被点燃，从ChatGPT的复杂算法到其对未来就业市场的可能影响，无一不被细致分析。科技爱好者饶有兴趣地揣摩着ChatGPT的内部机制，同时也认真考量着它将如何重塑人们的工作方式。

几乎在同一时刻，TechCrunch与The Verge等知名网站以深度报道的姿态探讨了ChatGPT的内在运作原理，从技术角度解读了它的创新之处。Wired与MIT Technology Review等权威杂志则通过比较分析，将ChatGPT与早期的AI对话系统做了详细的对照。

所有的媒体都开始疯狂起来。他们知道，必须要用最短的时间来满足那些从未接触过ChatGPT的人们的好奇心，才能获得更多的关注。用户没有辜负他们，这些不同角度的内容的确让用户打开了一道观察ChatGPT的窗口，但也同时让他们想要全貌观察ChatGPT的欲望愈发强烈。

也正是因为这次全球化的"好奇心爆发"，ChatGPT仅仅用了5天时间，就达到了100万用户，并在五十多天的时间内就突破了一亿用户。

"好奇心"是推动人类进步的重要催化剂，同时，"好奇心"也是推动许多互联网产品火爆网络的关键因素。

什么是好奇心？

好奇心是人类在面对事物的未知属性时，内心自发的求知欲望。它不仅体现为对某些事物的特别关注和情感投入，而且还表现为对未知领域的探索兴趣与追问精神。除此之外，当人类看到从未见过的怪诞事物，它也可能转化为对奇异事物的嗜好或者非凡热情。

人类的好奇心几乎可以追溯到百万年前，甚至更早。这种强烈的求知欲望，在漫长的进化岁月中被熔铸成我们基因里的一部分。好奇心帮助我们学习和探索新的知识，也帮助我们规避潜在的风险。

在分析ChatGPT爆红的原因之前，我们需要首先了解好奇心的四个特征，这样我们就可以更容易地了解好奇心的来源，以及归纳总结出它的特点，以在其他的增长案例中使用它。

第一，好奇心是对知识的寻求。

好奇心起源于对知识或信息的需求与渴望。简单来说，出于各种动机，人们有一种内在的推动力，想要去探索未知、学习新事物、解答疑惑或者填补信息上的空缺。这种渴望驱动我们去寻找答案，无论是为了解决一个具体的问题、满足个人的兴趣和好奇心，还是出于更广泛的知识追求目的。好奇心使我们向前迈进，去发现和理解之前不为我们所知的知识点。

第二，好奇心是为了探索。

探索行为是好奇心的一种明显表现，它可以由两种不同的动机驱动。一方面，探索行为可能源于人们试图解决信息不足造成的心理剥夺感或不确定性。当我们缺乏某些信息时，我们可能感到一种内心的不满或紧张，这种感觉激励我们去探索，去找寻缺失的信息。这个过程有助于减轻我们的不安和紧张，恢复心理平衡。例如你在一个社交场合中听到两位朋友在讨论一部电影的结局，但因为你还没看过这部电影，你就不知道他们在说些什么。这种信息的不足让你感到被排除在外，产生了一种好奇心，也许还有点不安和焦躁，因为你不能参与到这个讨论中。

另一方面，探索也可能是出于对获取知识过程中愉悦体验的期待。在这种情况下，人们对于探索新信息本身就感到享受，而不仅仅是为了消除不确定性或剥夺感。这种情感反应可以来自于预期探索过程中的乐趣，例如通过解开谜团获得满足感或者认识到新事物的喜悦。

例如你是一位园艺爱好者。你对种植新植物和了解不同植物的生长习性充满热情。你不是因为缺少信息或感觉到不确定性而学习园艺，而是因为你期待从中获得乐趣和满足感。于是你开始寻找关于新植物种植技巧的书籍和视频，并尽情享受这个探索的过程。在这个过程中，你不断尝试种植不同品种的植物，每次植物成功生长和开花，你都会感到一种成就感和快乐。即使没有任何外在的压力或需求促使你去做这些事情，你还是会主动去学习和探索，因为你真诚地享受从中获得的知识和经验，这种自发的、以乐趣为驱动的探索行为，正是好奇心驱使下的积极和愉悦探索性质。

第三，当我们遇到信息不全、出乎意料、新颖或复杂的情况时，这些特征本身就能够触发我们的好奇心。例如我们遇到一个我们不理解的复杂问题，或者发现了一项违反我们预期的新信息，这可能会激发我们深入研究的愿望，以便填补我们知识中的空白或解释这种异常现象。我们渴望新信息，希望解开未完成的谜题。

第四是情绪唤起。我不会对我无动于衷的事物产生任何的兴趣，例如我的女儿举着一个被她画得乱七八糟的布娃娃，我最多只会地夸赞她有艺术细胞，而不会真地产生对她所创作作品的好奇心，除非，我发现她今天确实画得有点意思。

情绪唤起是好奇心的一个核心成分，它是指由好奇心驱动时我们所体验的情感状态，如兴趣和唤醒程度。

这里所说的"兴趣"是指我们对某个特定主题或活动的吸引，它源于我们想要更深入地了解或参与其中。兴趣非常重要，因为它可以持续地推动我们去探索和学习。"唤醒程度"则是指我们在好奇心驱动下的精神状态，可能表现为注意力集中、警觉性提高或精力充沛。一个高唤醒程度的状态可以让我们更加专注于探索和学习活动。

好奇心是一种"知识情绪"。例如当我们在思考一个难题或面对新信息时，可能会感到困惑，这种感觉可以激励我们去寻找答案，以减少困惑带来的心理不适。或者当我们遇到某些伟大或美妙的知识时，可能会有敬畏之感，这种感觉也可以促使我们更深入地探索和理解。

因而，好奇心不仅涉及认知过程，也深刻地与我们的情感体验相连。这些情感体验不只影响我们去寻求新信息的欲望，也影响我们在获取和处理信息时的动力和态度。

现在，我们就可以更加清晰地了解为什么ChatGPT会一夜爆红。

这场狂欢的起点，事实上并非生成式AI，也不是OpenAI和ChatGPT本身，而是OpenAI早期的合伙人：埃隆·马斯克。绝大部分了解马斯克的人，初识他是因为PayPal、特斯拉和SpaceX。其中，中国普通用户更多是从特斯拉开始认识马斯克。

马斯克是天生的社交之王。截至2023年12月，马斯克在推特拥有1.6亿粉丝。可以说，他的每一个动作都有可能引发网络世界的巨大振动。马斯克早期进入OpenAI，又因为和特斯拉的利益冲突退出OpenAI后，OpenAI本身就成为了舆论的热点。马斯克以他极强的号召力，让OpenAI从一出生就获得了大量的曝光。

在ChatGPT出现之前的几年时间中，人工智能在大量的重复性工作中发挥了积极的作用，从人脸识别，到语音合成，再到文本处理，人们似乎已经开始习惯了人工智能的存在，并且渐渐地失去了对于传统人工智能应用的兴趣。当然，人们没有忘记OpenAI。从商业化转型之后，OpenAI一直都会时不时发一些新闻，告知公众他们的进展。

每一次公布都是炸裂式的存在，就如马斯克的美国太空探索技术公司（SpaceX）一样。人们在以管中窥豹式的信息接收中，一次次接近ChatGPT，直到2022年11月30日，它正式走出实验室。

五天后，ChatGPT用户突破100万，一个月后的一项调查中发现，全美有89%的学生在写作业时在使用ChatGPT，2023年1月末，用户突破1亿。

一开始，使用ChatGPT的还都是年轻人士。他们早就知道了OpenAI的强悍，所以他们的好奇心刺激着他们在第一时间体验ChatGPT。很快，他们体验的结果被他们发布到了社交媒体的各个角落，他们希望成为信息世界的第一批尝鲜者，成为新的意见领袖，成为别人眼中新的科技达人。

之后，又是一些年轻人，例如大学生，他们发现ChatGPT不但可以用来聊天，居然还可以用来写作业、写论文，于是他们将这样的成功体验告诉了身边人。他们甚至还开发出了ChatGPT各种不同的用法，把它们分享在社交媒体。

传播系数就在一次又一次的分享中迅速变大，越来越多的人开始对ChatGPT产生好奇心。这种好奇心一方面来源于对新知识的渴求、对"不劳而获"的奢望，另外一方面，也是急切地希望一窥ChatGPT的真容，以免被这个发展飞速的社会淘汰。

于是，ChatGPT火了。

在这个案例中，我们看到了极速传播最核心的关键：由于好奇心引发了参与，又由于参与之后希望获得更好的自我呈现而分享。往复循环，最终导致产品的成功。

《参与感》的作者黎万强先生曾总结过一款爆品的成功三要素：开放参与节点，设计互动方式，扩散口碑事件。现在来看，ChatGPT具有这三个特征。

也许OpenAI并没有刻意设计干预行为的相关策略，但在ChatGPT的整个传播案例中，干预无时无刻不在发挥作用。一款好产品能够带来的成功，往往不仅仅是因为其卓越的技术和前沿的创新，更在于其与用户之间建立起的深层次连接。

## 一段短视频的走红

该案例是我自己操刀，用一段视频获得千万播放和百万点赞的故事。事实上一开始我并没有打算用任何营销方式去推广它，而仅仅是为了记录我女儿的一次出国比赛历程。我几乎从来不用任何工作相关的技术来干涉我自己的生活，但这是一次"无心插柳"的意外。

2018年3月8日，我的二女儿第一次参加在瑞士举办的花样游泳邀请赛。俱乐部为了让孩子们能更加积极地面对这次比赛，特意给孩子们穿上了印有国旗的外套。那天下午，我和妻子把她送到机场集合，并在路上和机场拍摄了一些她们出发的视频。在将她们送进登机口后，我在机场休息区用20分钟剪辑了一段视频，并上传到抖音。之后我便开车回家，并去忙其他的事。那段视频是在下午五点多钟上传的，到了晚上十点钟我再打开抖音时，发现视频播放量已经突破50万，而这个数据在之后一直暴涨，24小时后，它的播放量已经突破了1000万。

现在我来描述一下这段视频的简单脚本。

视频时长一共15秒,彼时抖音只允许上传15秒内的视频。第一个镜头是从我女儿衣服上的国旗特写开始,然后逐渐拉远到全景;第二个镜头是她们进入机场安检前的集合、合影和安检流程;第三个镜头是她们进入安检区之后,拍摄机场大屏的镜头。

就是这些。

如果非得说还有其他元素的话,那么就只有配乐,赵雷的《我们的时光》,和这段视频的简介"苦练多年,第一次挂着国旗远赴瑞士参加花样游泳邀请赛,加油,宝贝!"

事实上,这次比赛仅仅是一次俱乐部之间的邀请赛,一次没有在任何正式国际组织备案,也不具备代表国家资格的邀请赛。每一位小朋友只代表她们所在的俱乐部,以及她们自己。那么它为什么会突然爆红?

我们可以从5万多条评论中看到端倪。

首先是爱国情感,评论中有75%与爱国相关。开篇的国旗是激活人们爱国情感的重要因素,它在孩子们穿上印有国旗的服饰时无声唱响。视频里,她们不过是几个踏上异国征程的少年,却因为那一抹醒目的国旗色彩,仿佛被赋予了肩负国家荣光的使命。这种情感,不需要语言,不需要夸张的表达,只需那一抹红色,便能唤起每个人心中的民族骄傲和归属感。尤其在出国比赛这样的背景下,虽然比赛本身并非国与国之间的体育较量,但人们依然会将其视作国家荣誉所在。

其次,"国家荣誉"和"少年"之间的反差,也是引发人们产生强烈情绪的重要因素。通常情况下,"为国争光"是成年运动员的职责和荣誉感受。然而,在本段视频中,这样的期待被投射于一群孩子之上,他们的年纪与传统的"英雄"形象形成鲜明对比。人们在看到年幼的孩子们力图超越年龄界限的模样时,那份纯真与责任感的结合,激发了他们强烈的情感波动。而儿童作为国家的未来和希望的象征,他们的坚韧和努力被看作是国家潜力和未来的体现。在这种情境中,孩子们的努力不仅代表了个人成长和成功，也被寓意为国家的力量和进步。人们从中感受到了一种强烈的"少年强则国强"的情绪。当一人分享这样的观点时，它就很容易变成一个流行的观念，感染更多人心。

这种情绪能够感染的不仅仅是普通观众，也可能有平台的工作人员。我们假设每一段上传到抖音的视频都会经过系统审核和人工审核。一旦系统发现需要被关注的内容，就可能把内容递交给人工审核。此刻，国旗很有可能就是需要被关注的内容。幸运的是，这段视频在机器审核的眼中可能只有通过或者不通过，但在人工审核的环节，却很有可能同样感染审核人员，于是这段视频很有可能影响了审核人员，并在一开始就给予了较高的曝光权重。

最后，背景音乐的魅力不容小觑。赵雷的《我们的时光》伴随着生动的画面，唤起了观众共情，尤其是那句"头顶的太阳，燃烧着青春的余热，它从来不会放弃，照耀着我们行进"，几乎可以为视频内容撞击观众心灵提供巨大的动力。音乐在视频中如同润滑剂，无声地强化了画面的情感深度，触动了观众心底的柔软。这首具有广泛共鸣的歌曲成为了视频传播的有力助攻，成为了视频爆红的关键因素之一。

当然，除了内容本身之外，还有许多因素干预了这条短视频的爆红。

抖音和其他社交媒体平台通常使用复杂的算法来决定哪些视频获得更多的曝光。视频在上传初期获得的高互动率（如观看完整性、点赞、评论和分享）可能导致算法判定它具有高用户参与度，并因此提高它在其他用户推荐页面上的位置。由于这段视频在获得了初期流量时互动数据较高，因此，后续便进入了更大的流量池，获得了更多的推荐。

如此这般，这些复合因素交织在一起，形成了一股强烈的力量。情感的力量使其穿越算法的层层障碍，让它在信息的海洋中脱颖而出。最终，一个起初仅仅为了记录女儿竞赛的视频，悄无声息地触动了千万人的心弦，成为了一场意外的传播盛宴。

# 第五章
# 高阶部分：
# 干预的深度思考

干预的本源，是通过使用人类的思维特征和人性的特点，设计出利于增长的各种策略，并最终促使数据增长。

在西方哲学史上，柏拉图和亚里士多德等古希腊哲学家认为人性包含理性和追求美好生活的特质。英国哲学家托马斯·霍布斯认为人性本质上是自私的，在无政府状态下会导致"人对人的战争"。而法国启蒙思想家让-雅克·卢梭则认为人性本质上是善良的，是社会制度和不公正使人变得堕落。在现代心理学中，西格蒙德·弗洛伊德认为人的行为受无意识冲动和欲望的驱动。行为心理学认为人的行为主要由外部条件和刺激来塑造。人本主义心理学家亚伯拉罕·马斯洛和卡尔·罗杰斯则强调个体潜能的实现和个人成长的重要性。

复杂吗？非常复杂。自启蒙运动之后，关于人性的探讨越来越多，甚至涵盖了哲学、心理学、社会学、人类学、神学等多个领域。先辈们在研究人性的道路上一直没有停止，而这些成果在今日为我们所用，成为了营销学、消费行为等一系列增长技术的核心。

如果希望更全面地窥见一次干预活动的全貌，我们需要从根源上了解干预的本质。社会科学的源头是心理学，心理学的源头是哲学。本部分，我们通过一些简单的人类行为本源及哲学思考来更清晰地了解干预。

## 第一节　人类的终极追求是向上而生

人们对更好生活的追求自古就有。一方面的原因是人们为了确保自己能拥有更好的社会接纳和更丰富的物质资源。从本书前文的所有案例和理论中我们可以总结出一个规律：所有的干预，都是刺激人们追求更好，规避变差。而另外一方面，人类几千年的文化影响作用对于人们"向上而生"的追求意义重大。

从历史课本中我们可以得知，人类的社会方式在最早期是以部落形式

存在的。部落里有分工，甚至会有等级。强壮的男性保护了整个部落的安全，因此形成了父系氏族社会；崇尚繁衍生息的部落则是以女性为主，产生了母系氏族社会。无论是哪一种文化的部落，其结构中都由于性别、分工、年龄、家族等不同的因素而出现了最早期的等级制度。而这种等级制度作为早期的社会规范，限定了人们在进行各种行为时能做哪些，不能做哪些。

后来，长达数千年的封建社会出现，等级制度在这个阶段体现得更加明显。在这个阶段统治者为了保证自己的权利更加稳定，向世人宣称其等级和权利是由上天赋予的，命运也是从出生那一刻就被注定的。如果有人想打破这种等级制度，就是"大逆不道"，就会遭到上天的惩罚。在人们缺乏对世界更加宏观了解的年代，这种形而上的玄学成为了社会运行的主要规则。统治者为了加固这种等级概念，甚至制定专门的法律来规范人们的行为。例如中国古代就有《礼记》来对不同等级人们所能使用的物品、仪仗等进行了非常明确的规范，史书中也经常出现某人因为穿了越级的衣物就被重罚甚至斩杀的案例。人们在这种严格的等级制度下生存，唯一能够跨越等级的方法只有读书和参军。人们不但自己苦读诗书、拼杀疆场，同时也让自己的孩子自幼读书习武，希望能够通过这些方式"光耀门楣"，达到升级的目的。

时间进入18、19世纪之后，由于印刷业的逐步发达，一些先进的思想开始进入到普通民众的视野当中。人们开始第一次意识到自己的处境并非"神"所注定，而封建统治者之所以大肆鼓吹唯心主义论只是为了让他们的统治更加稳固而已。在这种思潮下，世界各地开始爆发了程度不同的革命运动。从这个时期开始，更为先进的资本主义制度逐步开始替代封建制度，成为国家运行的主要体系。

在资本主义制度中，人们更重视商业的发展，更讲究人人平等。任何人都有权利通过自己的努力和聪明才智进行等级的跨越，事实上在这个阶段等级制度已经逐渐消失，阶级和阶层取而代之。人们通过消费行为、自我呈现来尝试在这之前他们从来不敢跨越的等级制度，他们甚至通过对住宅的装修、衣物饰物的搭配、言谈举止等模仿当初贵族的生活状态。同时由于蒸汽机改变了人类的交通方式，大大提高了人们沟通和交易的效率，各地的商品开始融合到前所未有的大市场中，这对人们希望通过外部事物来提升自我呈现的愿望实现极为有利，于是人们终于可以毫无束缚地体验原来皇室和贵族才能享受的生活。在中国，清朝政府被推翻后的一段时间内，先进的青年甚至第一次穿上了绣有龙纹的衣服在街上走来走去，这在之前是皇族，甚至皇帝才能穿着的服饰。

但世界的本质是由矛盾所构成的，这是唯物辩证的核心。当旧的矛盾被解决，马上就会有新的矛盾出现。同时，在同一系列的事物中矛盾具有普遍性，也具有特殊性。当旧的封建等级制度被打破，原有的统治者与被统治者之间的矛盾似乎消失了，但由资本主义所形成的阶层又出现了新的矛盾：人们都希望能够跨越阶层，向着更高的方向进发，但同时又不希望在自己之下的阶层对自己构成威胁。而之下的阶层和高阶层的人们一样，也希望能够向上一阶层靠拢，却又不希望自己之下的阶层模仿和超越自己。在这种新的矛盾中，普遍性是所有人都希望向上而生，却又不希望被其他人威胁到自己现有的地位。这种矛盾同时又因为人们不同的财富水平、所期待的愿望、所希望维护的现状等一系列不同而具有特殊性。在这种矛盾的推动下，经济发展愈发快速，人们的需求也愈发旺盛。

以一个故事来说明如上的问题。在中国清朝末年，一家布料染坊的经营者A先生由于其布料的色彩丰富、界线分明，而受到了当时贵族的欢迎。每年他都要为皇宫进贡大量的布匹，一些当地的有钱人也因为其是"皇族供应商"而纷纷前往他的作坊购买布匹。随着清朝政府的崩塌和拥有更先进制度的民国政府执政，A先生的染坊也不再为皇宫进贡，而是顺应市场潮流向普通民众提供了大量价格优惠、品质优良的布匹。此刻原有的贵族虽然已经丧失了特权，但他们依然希望维护自己贵族的地位。他们驳斥A先生向民众提供原来只给皇宫进贡的特殊布匹，让"贱民"也穿上了原来只有皇族才可以穿的衣服，导致"礼崩乐坏"；而一些经济基础较好的资产阶级开始模仿原来贵族的生活，购买了更多皇家贡品为自己缝制更鲜亮、更有阶层感的衣服。在这种原有的皇族排斥人们购买皇族贡品，但普通人为了实现阶层跨越而纷纷购买皇族贡品的矛盾中，A先生的染坊生意更加火爆。

事实上这种矛盾至今依然存在，并且非常普遍。尽管人们已经不认为自己追求封建贵族的生活，但跨越阶层的希望存在于每一个人心中。这在商品的流行趋势中表现得非常明显：每当巴黎、纽约等时装周开幕，一些高阶层的人们身穿最新设计的知名设计师品牌服饰后，很快这个样式的衣服就会开始流行。甚至在一些拥有资源更少的人群中，这种状况更加明显。仿品、赝品、"原厂尾货"等商品在这部分阶层人群中广受欢迎。几乎所有人都希望通过自己外部的形象、家庭所在的社区、家庭装饰等各方面来实现追求更高阶层的愿望。我们无法分清这到底是人类的本性，还是几千年封建文化所遗留的基因，但结局已经非常明显：几乎没有人不希望追求更好、更鲜亮的生活。

　　为了减少人们的模仿，一些较高阶层的人开始寻求更多的"不一样"。他们更加青睐手工制品和仿古的旧物，抵制工业化、批量化的商品出现在自己的形象中。以收藏品为例，在封建制度刚刚土崩瓦解时，一些拥有较多财产的高阶层人群纷纷收藏自皇宫流出的饰物放在家中，通过此举将自己和原来的贵族拉近距离。虽然此举遭到贵族的严重反抗，但缺乏制度的约束，他们尽管感受到了自己原有的生活状态被侵犯，却无可奈何。很快，这种收藏的爱好随着工业化的发展开始被更多人所拥有。甚至连没有什么零花钱的小学生都通过收藏邮票、烟盒、火柴盒等物品来彰显自己与众不同的品位和阶层。这让高阶层的人感觉到与贵族一样的愤怒，他们开始收藏价格更加高昂的艺术品和文物，用高价建立围墙来阻止下级阶层人们的文化侵袭。这种情况在许多社会行为中都有体现，法国研究者安东尼·加卢佐在其著作《消费主义全球史》中说："在铁炉出现之初，人们并不喜欢它，因为壁炉看上去比它更像是高阶层人家所使用的。"在这种追求与上层阶级的"一样"，以及上层阶层为了维护自己的"不一样"的矛盾中，经济得以更加快速地发展。在经济低谷时期，一些国家为了拉动消费，通过媒体将更高阶层的生活展现在人们面前，刺激人们进行更多的消费，尽管消费主义在某种程度上会影响到人们对"平等"的看法，甚至有可能因此而产生社会仇恨，但它的确能够在拉动消费、刺激经济中起到有效作用。

　　这种对更高阶层的追求同时也展现在了病毒式营销的许多案例中。一家提供航班信息的数据公司在其App中以用户自己的乘机记录推出了一个数据统计界面，该界面不但有某人在去年一年中飞行的总里程，同时会告诉使用者他的飞行距离已经超过了百分之多少的人群。一些因为工作原因而产生的"空中飞人"很愿意将这些数据发布到社交媒体，向别人宣告自己乘机的记录，以及在潜意识中表达自己隶属于更高阶层的状况。事实上，许多发布者乘机次数多的原因仅仅是因为他的工作属性，而并非真正的"高阶层"。

信息传播的核心是信息发布，而信息发布又和人们的自我呈现息息相关。人们在社交媒体所转发的每一条信息都可能经过审慎的思考。人们会通过各种行为来让自己和更高的阶层贴近，而杜绝自己在别人眼中和更低阶层画等号。这就是为什么人们会对奢侈品，甚至奢侈品的仿品趋之若鹜，也就是为什么我们在前文提到一些请求别人帮自己"砍价"的病毒式营销传播链总是不长，且人们在达成目的后很有可能将其从社交媒体中删除的原因，没人希望让自己看上去为了很小的利益而不遗余力。

"向上而生"是世间万物的整体规律，即便偶尔有追求向下的状况，也是为了最终获得更好的结局。就像一些植物，地面以上的部分低矮屦弱，地下部分强壮庞大。这并不是因为它无意于追求更高，而是地下是它更容易发展壮大的沃土。了解了这个规律，我们就能够了解哪些信息可以促成病毒式营销，哪些信息可能会被传播得更远。

我们在信息创作的过程当中要特别注意研判每条信息的矛盾，也需要注意研判信息受众的总体矛盾和特殊矛盾。一般情况下，人们向上的愿望和现实状况阻碍向好的事实是普遍的统一矛盾，而人们不同的追求和自我呈现要求是矛盾的特殊方面。区别了这两者之间的不同，并通过对信息的修正就能够临时性地解决这些矛盾，信息就能够更广泛地传播。例如我们在前文提到的关于利用图像融合技术进行电影推广，其普遍矛盾是人们希望进入到更高的阶层，但资源不足造成了阻碍，而特殊矛盾是人们希望成为演员，却缺乏成为演员的经验和渠道。图像融合技术帮助人们临时性地解决了这个问题：当人们看到自己的形象出现在专业制作的影片当中，幻想第一次变成了现实，并投射到了人们的心里。欲望被解决之后的下一步就是让更多人知道自己已经实现了阶级跨越，无论这种跨越是临时性的还是长久的、虚假的还是真实的。这便是促成信息传播的直接原因。

在前文中我们还提到了一个案例：幼儿舞蹈培训机构。尽管孩子的表现和家长本人的社会价值提升似乎看上去并没有太大的关系，但这种状况依然存在阶级跨越的心理。当家长已经没有更多的手段进行阶级跨越时，他们就会把期待放给孩子。对孩子成就的骄傲本质，事实上是家长将孩子的成就投射到了自己的身上，通过孩子的成就完成了对自己梦想的实现。

几乎所有热门信息的传播、电影图书的畅销都和人们的阶级跨越欲望有关。人们通过信息本身完成自己的社会想象，这些想象能够在某种程度上潜移默化地改变人们的行为和态度。为什么《灰姑娘》会经久于世，到现在依然被人们所追捧？因为这是一次代表贫困底层阶级向最高阶层的一次逆袭。灰姑娘通过一次舞会最终嫁给了英俊潇洒的王子，从普通劳工到显赫贵族的跨越似乎很容易就可以做到，这对大多数生活在困境中的人们是一次积极的想象。人们将灰姑娘的经历投射到自己身上，让自己在某一个时间段生活在想象的世界中。事实上，这种让人们至少在一段时间中生活在想象中的方法是信息被广受欢迎和大规模传播的密码，也是病毒式营销的本源之一。

由此，我们可以总结出一个基于自我呈现的成功干预流程：首先，我们通过对矛盾的普遍性和特殊性分析，得出人们现有希望解决，但又无法快速解决的难题。接下来我们通过内容的创作和技术手段让人们在短时间内暂时地解决这种矛盾，并更主动地将结果上传到社交媒体。上传的内容让上传者看上去与众不同，于是也引起了其他人希望追求和他"一样"的欲望，更多的参与者加入其中。当信息的传播者达到一定程度，也就是说"相同者"越来越多时，人们就会觉得这种展现已经变得不够酷，不够特立独行，人们的传播欲望也会降低。这一点在许多病毒式营销案例中表现明显：一位之前通过修图上传了自己照片的女孩在上传几次后就不愿意再发布自己修图明显的照片，但如果她发现有更高技术，更能体现自己阶级跨越的信息，她就会再次用新的方式发布信息。

基于此我们可以得出结论：任何信息的流行都会有一个倒U型的曲线，当传播到达顶峰，曲线就会逐渐衰落。这和任何事物的流行趋势几乎一致。如果我们用生物学的病毒传播来解释就是，当某种病毒已经在人体内形成抗体，那么人类再次感染它的概率就会降低，除非该病毒发生变种，而该变种在之前并没有被病毒接受者所感染，因此该病毒接受者也没有抗体，它就会再次影响接受者本体。

利用唯物辩证法同样也可以解释人们追逐直接经济利益而进行的信息传播。

人们为什么会追求折扣、团购、优惠券？这是因为人们希望获得完全可以满足要求的基本生活必需品，也希望获得能使其感受到阶级跨越的商品。但矛盾的是，他们的经济状况并不能达成他们的愿望。这里的普遍矛盾是人们对更高物质的追求和由于生产力不足导致的经济不宽裕，特殊矛盾分为对于基本生活物品的物质要求与经济不足的矛盾，和对于能够使其完成跨越阶级的物质需求和经济不足之间的矛盾等。简单来说就是，人们想要更多、更好的东西，但是没钱。而解决该矛盾的主要手段就是让人们用更少的钱买到更多、更好的东西。当这种矛盾被暂时性或者少量地解决时，人们也就开始更加主动地为了获得更多优惠而传播信息。

但是进行该种信息传播时，新的矛盾又出现了：人们希望对外展现出更高阶级的样子，但寻求打折的行为可不是更高阶级所为。此刻矛盾本质变成了人们希望追求更划算交易和对外自我呈现之间的矛盾。如果这种矛盾不被解决，那么该种信息的传播也会受到阻碍。某折扣电商平台通过用户邀请他人"砍价"来获得更大的优惠，虽然此举在一段时间内的确促成了较好的传播效果，但很快该传播变成了人们口中的笑话。有人在社交平台说："多年未联系的暗恋女同学终于联系我了，但正当我要开口表白时，她发来一个链接让我砍价。"无论这是真实情况还是杜撰的笑话，这样的信息在某种程度上极大地影响了该平台的信息传播，因为它让人们意识到：邀请别人砍价可能会使别人对邀请者产生不同的评价，其中可能的正向评价是"勤俭持家"，可能的负面评价是"抠门""缺钱"。人类有个致命的缺陷：当处理信息时，人们会放大负面信息可能出现的概率。这也导致人们减少了对该平台砍价页面的传播行为。

基于此我们可以发现：许多能够广泛传播的信息，其本源都是在某种程度上提升了人们追求美好事物和提升自我呈现的愿望。很多时候，信息本身也许并不能从根本上改变人们的真实生活状态，大部分人也非常清楚理想和现实之间的差别，以及它们之间的距离。能够产生病毒式营销的信息在某种程度上为人们进入理想生活提供了一条捷径，让人们在短时间内存在于美好的幻想当中。人类是需要这种情绪安慰的，这能让他们在艰难的生活当中寻找信心，在苦涩的人生中品尝到甜味。

## 第二节　干预的哲学思考

在上一部分中我们曾经提到"矛盾"这个概念。

作为唯物辩证法的重要组成，矛盾自世界开始运转的那一天就存在。哲人说："世界是物质的，物质是运动的，运动是有规律的。"解释成为

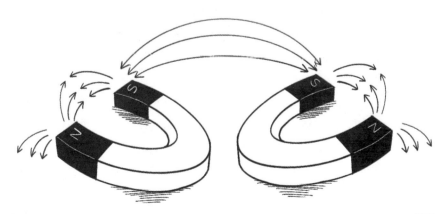

通俗易懂的话来说就是，世间万物都由矛盾所构成，由于矛盾的变化，世界才得以不断地发展。而所有矛盾的变化都是有规律的，认识这些规律，就能预测事物的走向。这就像是麻雀和人类的关系：麻雀过多时，它就可能蚕食农田，让人类发生粮食短缺；为了不允许麻雀吃粮食，人类开始捕杀它们，甚至希望消灭它们。于是新的矛盾又出现了，由于麻雀数量的急速减少，蝗虫在少了天敌的情况下大肆繁衍，并更大规模地蚕食粮食。在人类、麻雀、蝗虫之间，始终保持着一种矛盾的平衡，一旦这种平衡被人为地打破，就有可能向着另外一个极端发展。中国古代著名哲学经典《易经》中提到过多次"物极必反"的例子，而中国传统文化中的太极便是哲学中矛盾的最佳图像体现：当黑色越来越多，就会变成白色，而白色越来越多，就会变成黑色。如此往复循环，矛盾不休不止。恩格斯说："矛盾一旦停止，生命就会停止，于是死亡就会到来。"在任何时候，矛盾都会以不同的方式存在于世间万物中。

在信息传播和经济运行中，矛盾起到了巨大的作用。例如，人们因为在媒体中看到了富人奢靡的生活，他们自己普通，甚至匮贫的生活现状就会让他们和富人之间产生矛盾。这种矛盾可能让人们同时出现两种行为：一方面，他们会因为知觉到了"不公平"而对富人的一切进行批驳，另外一方面，他们会通过消费、自我呈现等一系列行为让自己看上去更像是一个富人。这种发生在他们自己身上的两种行为本身就是矛盾的：一方面"仇富"，一方面又希望成为富人。但正是因为这样的矛盾，才出现了更多的信息传播于网络，同时也促使人们采用更多的方式去改变现状，而他们所做的一切改变也推动了全球经济的发展。

人们认识矛盾往往是从一个小的事物表现来发现的。例如我看到一位和我同龄、同样职业经历的先生长着一头茂密的头发，而我却没有时，我就在内心中出现了矛盾：我希望和他一样，但是我头皮的毛囊数量不允许我成为那样。一些精明的商家发现了这种矛盾，于是他们开了假发店，生产了似乎没什么用处的生发剂，甚至还开了一间专门植发的医院，企图从我的后脑勺"挖出"一些毛囊来支援我光亮的前额。想要头发和没有毛囊是一个小矛盾，解决方案是通过植发来让我长出和那位先生一样茂密的头发。而导致我出现这种小矛盾的普遍矛盾是我希望在别人面前有一个良好的形象，以及一个更好的自我呈现。你可以看到，发现了小矛盾的人开了植发医院，发现了大矛盾的人将精力和资本放在了让人们有了更好自我呈现的"美发"大行业上。

同样的例子也出现在商业计划上。假设我希望开一家增长咨询公司，我希望能够服务全世界各地更多的客户。于是我将想象付诸行动，成立了一家咨询公司，并开始寻找我的第一批客户。在这里，我希望解决的矛盾是客户希望将商品售卖给更多的人，或者为品牌建立更多的曝光，但由于商品和信息的双爆炸，人们的注意力已经跟不上快速发展的信息和经济增长。这个小矛盾是可以被解决的，我只需要找到我的客户到底能解决人们的哪一方面矛盾，并且提出一个简便快捷的解决方案，就有可能引发人们的注意。

例如，有一位二手车车商找到我，希望能帮他进行短视频推广和定位。我在经过数据分析之后发现，孕期人群，以及家里有1~3岁婴幼儿的用户和二手车潜在用户重合度非常高，于是我就建议他站在妈妈的角度，制作一系列二手车及车辆简单问题处理的知识类视频，果然获得了更多的潜在用户关注。

但是随着我的咨询公司有了一些经验，并且逐渐地开始有了品牌知名度，获得了更多的客户资源后，矛盾本身就发生了变化：原来我可能花一个月的时间为一家客户服务，但现在我的客户数量变多了，我就面临两种选择：一种是同样利用一个月的时间为客户服务，并为了接纳更多的客户而招募更多的策划员工；另外一种是维持人力成本不变，缩短为客户服务的时间。这两条路都可能对我的公司造成损害：要么因为员工众多导致管理成本上涨，公司利润整体摊薄甚至负盈利；要么因为我减少了为客户服务的时间而导致我的品牌受损，原有的客户毁约，新的客户因为信任危机也不愿意和我们签约。事实上，这是大部分4A广告公司所面临的困境。

在这个环节中的小矛盾是服务质量和服务成本之间的矛盾，而普遍矛盾则是咨询需求旺盛，但供应不足的矛盾。一些策划公司发现了这种大矛盾的存在，并通过建立培训机制，公开大数据系统等多种手段希望解决广告策划行业的标准化问题，虽然目前为止还没有解决特别好的案例，但已经有了不小的进步。

同样，干预的目的是增长，我们需要通过一系列的数据调研和田野调查来看到人们的片面矛盾，也就是我们在前文中所提到的不同事物的矛盾特殊性。然后从大量的特殊表现中总结出普遍的主要矛盾。我们在上一节中提到了人们在信息传播、消费中可能存在的阶级跨越欲望。事实上，即便是阶级跨越欲望也是矛盾的特殊性，它真正的普遍矛盾是人们希望有更好的自我呈现。

了解了这种矛盾，我们就可以找到更多我们能做的事。我们可以通过设计流行趋势的衣服来提升人们的自我呈现，可以通过图像融合技术、拍照技术来提升人们对长相的自我呈现要求，也可以通过教育培训和获得资质认证等方式提高人们的能力自我呈现要求。总之，凡是能够帮助人们看起来很不错的事物，都能利用提升自我呈现和自我呈现现状不足这个大矛盾来解释。

发现矛盾，并解决矛盾的方法是这样的：首先，我们从事物客观片面的角度了解到某个事物的特殊矛盾。在了解了诸多的特殊矛盾之后，我们就可以从中找出规律，找出整体的普遍矛盾。在了解了普遍矛盾的本源后，我们也就可以将发现的矛盾应用到其他诸多的特殊矛盾中，达到解决矛盾的目的。这种特殊→普遍→特殊的矛盾发现和解决方案，是我们在处理任何事物时能更加理性和有效的利器。

这种利器在病毒式营销中的作用是非常巨大的。成功地策划和实施一次病毒式营销，其关键点就在于刺激用户更主动传播的欲望。当这种欲望被普遍性地放大，那么个体传播的动力也会变得澎湃。重要的是，用户主动传播欲望提升的主要的可能就是，传播信息能够提升自我呈现，传播信息能够获得其他收益。中国古代哲学家王阳明的心学就认为"天理即人欲"，人的欲望都是向着更好进发的，无论普世的价值观对于这种欲望的看法如何，人们总是能够通过自己认为合理的理由去解释它。而这种追求欲望的想法一旦有办法被满足，人们就更有可能采取行动。

当然，完整的辩证唯物论不仅仅包括了矛盾的特殊性和普遍性，还包括矛盾的主要性和矛盾的次要性。战略家毛泽东在其著作《矛盾论》中曾说："在复杂的事物的发展过程中，有许多的矛盾存在，其中必有一种是主要的矛盾，由于它的存在和发展规定或影响着其他矛盾的存在和发展。"

例如在图像融合技术的信息传播中，主要矛盾是人们希望成为某种角色，但现实却无法让我成为这种角色。于是我通过图像融合技术来解决这个主要矛盾，例如A图像公司和B图像公司的技术成熟矛盾、A用户和B用户生成哪一种角色等，都属于次要的矛盾。只有人们有希望成为另外一种角色的欲望，但现实却不允许他成为该角色的矛盾存在，所有的次要矛盾才存在。如果脱离了主要矛盾，次要矛盾就没有存在的意义，或者就根本不复存在。很多时候次要矛盾是依附于主要矛盾而生的，如果主要矛盾都不稳定、经不起推敲，那么次要矛盾就没有必要去讨论。这就好像人们根本就不存在砍掉自己的手臂以更换一只机械手臂的欲望，那么用何种技术来砍掉手臂并接上新手臂的次要矛盾就不存在。如果这个矛盾的出现是由于残疾人希望获得一只全智能假肢，那么主要矛盾就存在，而如何让假肢和意识相连的次要矛盾也就有了意义。

主要矛盾在任何事物的发展中都是起到领导作用的，当我们认为需要将信息打造成为适用于病毒式营销的信息时，我们就需要找出信息当中的主要矛盾，而不是一股脑地将所有矛盾全部放到信息当中，那样反而会让信息在推出后石沉大海。就像是我们前面提到的"砍价"的案例，如果希望把自我呈现和获得经济利益两种矛盾都考虑到，并希望平衡解决，那么现状你可以看到：要么人们可能为了自我呈现不传播信息，要么在传播，并达到经济收益的目的后就将其删除。我们必须找到这两个矛盾中的主要矛盾，以及找到同样将这个主要矛盾视为自己主要矛盾的目标群体，才可能达到最好的结果。

需要注意的是，矛盾的主次是有可能发生改变的。就像是人们追逐物质是为了解决生存问题，但当物质丰富到一定程度时人们就会追求精神文明。而精神文明的追求到达一定程度时，人们又会因为对物质更高层次的需求而回到物质文明的追求。这是循环往复的，就像我们之前提到的关于麻雀的例子一样。

回到干预当中。一次成功的干预势必是信息本身能够帮助人们解决某种矛盾，而解决了（或者暂时解决以及幻想解决）这个片面的矛盾之后，我们又可以根据这个片面矛盾的整体性，解决其他的矛盾。就像是修图软件可以让一个长相并不好看的女孩子通过修图变得暂时性的漂亮，并获得社交媒体上其他关注者的重视。但这并不属于普遍矛盾。原因是这个世界上不但有长相不好看的人，同时也有长相好看的人。那么长相好看的人就没有自我呈现的需求了吗？

他们有。只是他们对于自我呈现的需求可能从长相变成了配饰、衣服等方面，抑或是内在的知识、经验、能力等方面，甚至直接是阶级跨越的方面。

总体来看，人们希望获得良好的自我呈现和现实状况无法让他们快速达成目标的矛盾是主要矛盾，而这个主要矛盾又可以分拆出许多的小矛盾，而这些小矛盾的解决都能促使某一方面的信息形成病毒式传播。

事实上我们从许多干预的成功案例中都可以总结出它们各自不同的片面矛盾，而从这些片面矛盾中我们可以找到共同的规律，以寻求普遍的矛盾。我们发现其中的普遍矛盾后，我们就可以用它来审视我们的信息是否符合该矛盾，并且该矛盾是否已经通过我们的内容得到了暂时的解决。例如我们在本书一开始提到的关于联合国儿童基金会的那个案例：普遍的矛盾是慈善机构需要更多善款，而人本身具有损失厌恶的情绪不愿意捐助的矛盾，在解决这个矛盾时，我们需要给予用户比金钱更重要的回报，这个矛盾就可能被解决。例如联合国儿童基金会的那枚戒指和证书，就成功解决了这样的矛盾。

通过这种方式，我们几乎可以预测出每一次干预的成功率到底有多高，并且及时发现其中阻碍传播的原因。而同时，我们也需要注意每一种片面矛盾中哪些是主要的，哪些是次要的，重视主要轻视次要，这对于我们筛选投放渠道和目标用户意义重大。

## 第三节　独特和流行

经历了干预后的信息传播，在理想的情况下往往可以获得非常好的传播效果。但任何爆发式传播都可能会是一把双刃剑。一方面，信息的爆发式传播很可能让品牌商获得巨大利好，最终赚得钵满盆满；但另外一方面，过度关注所带来的就是极容易出现的负面信息和部分用户因为厌恶"随大流"，讨厌"不特别"而放弃传播。

人们会在任何条件下都无条件服从我们的干预吗？

显然不会。

尽管人们有许多无意识的行为，也可能会因为无意识的判断来按照我们设计好的路线行动，但人们，尤其是正在沉浸于信息爆炸中的年轻人由于接受了诸多新的文化和知识，他们可能不会像我们所描述的那样顺从地传播千篇一律的信息。他们需要独特性，厌恶已经被大多数人传播过的信息，并从内心深处抵抗"从众"在自己身上发生。

这种现象在消费领域是非常常见的。20世纪中叶开始，由于媒体资源的快速壮大，年轻人接收的信息越来越多。他们不再单纯地相信"一家之词"，开始抵触广告带给他们的影响。他们甚至认为广告是利用人类无意识条件反射来对他们进行控制的"魔鬼"。为了脱离这种控制，年轻人开始通过各种方式来抵御消费主义的侵袭，他们鄙视流行文化，反而对蔑视社会秩序的一切元素都为之痴迷。不仅仅是他们，几乎所有人似乎对于保持独特性的要求都或多或少地存在，只要经济条件允许，他们就希望能在人群中显得和别人不一样。这种状况迄今为止甚至愈发明显：如果有一天的一场聚会上，一位女士和另外一位女士的挎包相同、衣服相同，甚至手链相同，她们都会觉得很尴尬，有些时候聚会都没有结束，她们就有可能偷偷地摘下那条手链放在包里。

同样，信息的主动传播中也会经常性地发生人们的抵触。一些信息不允许人们参与进去，或者根本不允许他们进行评论，这种情况下被干预的概率就会减小。尤其希望面对年轻人的信息来说，如果不能突出他们的个性，那么信息传播就很有可能遭遇滑铁卢。

注意，这里提到的"个性"一词，其实并非和流行完全没有关系。如果某个人真的完全特立独行，做出和全世界任何一个人都不一样的行为，那么他要么成为众矢之的，成为人们眼中的笑话，要么会引领一种新的亚文化潮流，引来无数拥趸的关注。严格来说，个性是也是属于流行的一种，年轻人虽然不想和别人保持一致，但是这里的"别人"是指他们不认同圈子的人，而不是属于他们的亚文化群体。在他们的圈子里，从众依然在发生。例如热爱身体穿孔和纹身的年轻人总是会追随其他他们认为酷的人。

干预技术本身是创造流行的一种技术。无论是基于大众层面的流行，还是基于小众文化的流行，它都可以发挥相当强有力的作用。但是为什么我们还要在病毒式营销中强调更多信息受众的参与性？原因就是为了保证大众在传播信息的过程中，保留人们的独特性。同样用哲学的唯物辩证法来解释：独特和大众是矛盾的两极，它们并不能独立存在，它们之间虽然有抵抗，但同时也互相依赖。只有有了独立，才能体现出大众，而大众又是由不同的独立个体所构成的。世界上没有完全相同的两个人，所以我们在考虑到病毒式营销技术中的从众因素时，尽量考虑到个体的需求。

在干预的实战中这种流行和独立同时保留的案例非常多。例如我们多次提到的图像融合技术，就是在让人们通过变身其他角色创造流行的同时，也由于每张图片的不一样在保留人们的个性。很多年前，腾讯公司推出的QQ秀产品也是这样一个流行和独立共存的例子：腾讯公司官方为人们的虚拟形象设计了非常多的配饰和服饰，人们可以根据自己的喜好选择购买不同的配饰进行装扮。而该虚拟形象在用户跟任何人聊天时都会展现在聊天框的侧面，这在某种程度上引发了人们的从众心理，并很自然地参与了一场病毒式营销。但同时，几乎没有两个人的虚拟形象是完全一致的（除非一些并不在乎虚拟形象，对其不感兴趣的人一直在使用默认形象），这也保留了人们的独特性。

文化在任何时代都被区分为大众文化和小众文化，尤其在工业革命和信息革命之后，年轻人对于小众文化的追求越来越盛。这是一个非常重要的机会，不可错失。

# 后　记

在我四十岁的最后一天，完成了本书初版最后的章节。这是我人生上半场中对增长工作的总结，也是对人生下半场工作的启发。同时，这更是对我父母的致敬和礼物，感谢他们让我来到这个精彩纷呈的世界，并让我体验了虽然波澜起伏，但却风景无限的生命之美。我的上半生没少让他们操心，希望在未来的日子里，我可以让他们更幸福和安心，并希望能多陪伴他们几十年的时光。

今年是我接触增长工作的第二十年，二十年间我接触过很多增长技术。在所有这些技术的实操中，我都希望能够用最低的成本完成最多的事。一开始有这个目标是因为我囊中羞涩，想要推广自己的产品却没有太多的费用，但后来，不断缩减成本和扩大收益成了我工作的最大乐趣，我希望通过对策略的不断打磨，获得更好的投入产出比。2009年我曾经写过一本关于搜索引擎营销的书，通过搜索引擎优化技术提升网站排名以获得更多的访问。这本书出版后的一段时间内，我帮助很多企业进行了搜索引擎优化，但随着算法的不断更迭，单纯依靠提升页面布局和关键词分布已经不能达到排名优化的目的，取而代之的是对网页内容质量更高级别的审视。这是搜索引擎平台的生存之道，同时也是只通过技术手段而不注意内容质量的提供方的"灭顶之灾"。我虽然可以提出许多技术方案帮助企业提升页面的质量，但对内容提升却几乎无能为力。于是在之后的工作中我开始更多关注内容本身对于用户的影响，而这种思维方式的变化也直接影响了我后续的许多工作方式，这其中就包括干预技术。

干预技术几乎是传播速度最快、效果最好的营销技术，没有之一。而一次成功干预活动的策划又是对策划者心理学、行为学、哲学知识的考验。这个世界上希望通过干预而促使品牌更多曝光的人有很多，但因为基础知识的匮乏，有很多案例在推出之前，人们的唯心主义疯狂作祟："这么好的内容，肯定能疯传！"

　　干预和增长不是形而上的玄学，而是实实在在的唯物主义科学。它的成功没有那么多"碰巧"和"偶然"，即便出现了偶然，也是因为信息在策划过程中"偶然"地走对了方向。和世间万事万物一样，任何事物的运行都是有规律可循的，把握了其中的规律，就能够预测事物的走向。在信息传播中，信息的走向、传播者的行为，甚至传播者在传播之后的所为都是可以被预测的。例如，人们在社交媒体中发布了一条他们认为可能会提升自我呈现的内容，那么他们接下来的行为很可能是每隔一段时间就拿起手机来看看，谁点赞了，谁评论了。人们期待着每一次自我呈现都能获得积极的正向回馈，而当信息本身出现了更多的负面回馈（有时候甚至只有一条负面回馈时），人们就有可能删掉它。

　　我在本书中列举了许多干预的案例，目的是能从诸多的小案例中找出大规律。尽管我很努力地希望做到这一点，但由于我对很多学科的理解有限，所以一定会有很多内容如同隔靴搔痒般好像明白了，却又没有明白。如果您发现了这样的问题，请原谅我。作为补偿，我会努力地将这本书继续更新，推出新版。与此同时，我非常希望您能将您的宝贵意见告诉我，并给我更多的建议和案例，我也非常愿意将它们更新到下一版本的书中，并在扉页写上您的名字，就像是MIUI那样。如果您完全读完了这本书，您一定能明白我的小伎俩。没错，我的确希望能够引发您的兴趣，并使您能主动地成为这本书的种子用户，商业是一种本质正义的战争，不必因此而遮遮掩掩。更重要的是，您的参与可以让我更有信心，更努力地将增长技术进行到底。如果某一天您看到我的成长，请您相信：这一切都是您的帮助和参与所给予的。

　　这本书的写作过程无比艰难，所以患难之中见真情。我要感谢很多人、很多事促成了这本书，这让我更加珍视这本书和书中的每一句话。尤其要感谢的是我的家人：我的妻子屈艳莲女士，我三个可爱的女儿Zijing、Sasha和Ruby。我的妻子在我写作这本书的过程中，以及在准备相关工作的过程中以一己之力扛起了家庭的全部。我的女儿们在同样的时间段不断地给我带来让我无比骄傲的好消息。所有这些，都是她们对我最大的鼓励和支持，因为有了她们，我可以无比自豪地说："我虽不是一名最优秀的增长师，但我一定是最幸福的男人。"还有我的许多朋友，在我写作过程中你们对我时刻的关心和帮助，让我在写这本书时如虎添翼。你们对我的关心是这本书成书最重要的原因，我永远难以忘怀在我人生的至暗时刻你们带给我的光明。

一切科学都是为进步而生。我在写这本书时，全球经济正在进入一个非常巨大的变革期。一些国家通货膨胀，而另外一些国家正在面临通缩的风险。营销和增长技术作为一门科学理应为这些变革做些什么，这是所有从事营销和增长行业人们的使命。尽管一次成功的增长似乎看上去微不足道，但我坚信它可以在某个特定的场景下引发蝴蝶效应，并最终让世界向着好的方面进发。

最后，愿万物增长，你我向上而生。

2023年8月8日
献给你们